2022年6月3日のドラゴンゲート後楽園ホール大会。さすがは親子。息の合ったプレーを見せ、ジュニアはデビュー戦を白星で飾る

望月成晃

親子でプロレスを
やる覚悟。

はじめに

ある日の巡業中、妻からの電話が鳴りました。

「龍斗《りょうと》が、DRAGONGATE（ドラゴンゲート）に入りたいって言ってるんだけど…」

内心「ついに来たか」と思いつつ、次に出てきた妻の言葉は「私は絶対に反対だから、やめるよう説得してよ」でした。

ちなみに、DRAGONGATEとは俺が所属するプロレス団体です。どんな団体なのか気になる方も多いかもしれませんが、詳しい説明は後々、したいと思います。

俺は望月ジュニア……息子の龍斗に「プロレスをやれ」と言ったことはありませんでしたし、自分から「やりたい」という気持ちがなければ勧める気もなかった一方で正直、賛成でしたし、嬉しかった。

電話で妻に言い返しても長くなると思い、「帰ったら話そう」と、その時は電話を切りました。

当時のジュニアには「ママを説得できるくらいの気持ちを見せろ」と言いました。

ここから俺とジュニアの説得工作が始まります。

基本的に俺は、後押しくらいしかするつもりはありませんでした。

家を空けることも多いし、妻と2人で話し合ってもらうしかないですから。

妻から「こう言ってるんだけど、どう思う?」と聞かれた時だけ、答えるようにしていました。

それでも妻は反対姿勢を崩しません。

「だって心配して当たり前でしょ」

「俺のことは心配じゃないのか?」

「あなたは私と知り合う前からプロレスラーだったから心配したことはない」

「あ、そう」

母親とはこんなもんでしょう(笑)。

一般的に見て、確かにプロレスは危険な職業ですし、母親の立場として心配するのは当然のこと。実際、高山善廣さんや大谷晋二郎さんは試合中に大ケガを負い、リハビリに励んでいる最中ですし、ハヤブサさんもそうでした。三沢光晴さんが試合中に技を受けたあとに亡くなられたニュースは大々的に報じられたので、ご存じの方も多いかもしれません。

何度か話し合っているうちに妻が「せめて大学を出てからでもいいんじゃない?」と軟化した辺りで一気にたたみ掛けました。もうワンプッシュです。

「大学って言ったって、一流大学に入れるほど勉強が好きじゃないんだし、プロレスをやるなら早い方がいい。将来を考えるのも大切かもしれないけど、退路を断つくらいの気持ちじゃなきゃ成功しない。プロレス界で頑張ってりゃ人脈もできるし、仕事なんてヤル気次第でなんでもあるだろ」

「どうなの？　プロレスラーとして成功できると思う？」

「日本で親子同時同団体所属って今までほとんどないだろ？　おもしろいことができると思う」

「わかった」

実を言うと、俺はコイツが生まれた時点でこういう日が来ることを想定していました。

「それならデビューが決まるその日まで、息子がいることはおろか、結婚していることさえ隠していたらサプライズになるな」

心の奥底のどこかで、それを期待しながら頑張ってきた部分もあります。

「こりゃ、もうひと肌脱がないとな」とワクワクしてきた。

息子・望月龍斗はこうしてＤＲＡＧＯＮＧＡＴＥへの入団が決定しました。

この本は、ジュニアがプロレスラーとなるに至る源流ともいえる私・望月成晃の半生と、世にも稀な同時現役親子プロレスラーとしての日々について綴るものです。

望月成晃

目次

第3章 闘龍門参戦〜M2K結成

第4章 たびたび訪れるユニット無所属

第8章 コロナ禍の中で

第9章 望月ジュニア

第10章 超我流〜引退への持論〜

デザイン　間野 成（株式会社間野デザイン）
編集　井上光、金子泰之（週刊プロレス）
写真提供　望月成晃、ベースボール・マガジン社

第1章

一番になれなかった学生時代

カッコよかったテリー・ファンク

昭和45年1月17日、父・晃、母・真知子の長男として成晃《まさあき》は生を受けました。

一つ上の姉、三つ下の妹がいます。両親は結婚が早かったので、25歳にして、3人の子持ちになったわけです。

若くして3人の子供がいる望月家。

もちろん決して裕福ではなかったけども、とにかく父がアグレッシブでしたし、両親の両親……つまりは俺から見て祖父、祖母に当たる4人とも元気。しかも親戚を含め、みんな東京都江東区の徒歩15分圏内に住んでいたので、楽しく心豊かに暮らしていました。

俺が高校1年の時までは、ひいおばあちゃんも生きていましたから。

いとこ、はとこと日常的に会うのが当たり前な環境でした。

まあチャキチャキ江戸っ子なわけです。

親戚中の付き合いは現在もありますね。

東京でおこなわれるビッグマッチは全員集合です。

はとこの子供同士も会うほどなので「はとこの子供同士は何て言うんだ?」というくらいです。

小さい頃は、とにかく臆病で引っ込み思案な性格でした。「まんが日本昔ばなし」の「おいてけ堀」の回にメチャクチャ怯えていたくらい。

父・晃はとにかくスポーツ大好きマン。

俺は物心が付いた時から強制的にスポーツをする環境に放り込まれました。

4、5歳の頃、近くに江東区スポーツ会館ができ、父からまず「剣道をやれ」と言われ、通い始めます。

俺もDNA的にスポーツが嫌いなはずはなかったのですが、剣道はずっと苦手でした。

竹刀で叩かれるのと防具の煩わしさと汗臭さ（苦笑）。

剣道をやられている方には大変申し訳ないのですが、ずっと好きにはなれませんでした。

今でも記憶にあるのは、最後に出た大会でわざと負けたこと。

なんだか調子がよく3回戦くらいまで勝ち進んだのですが、とにかく防具から早く解放されたくて、何度もわざと「めーん！」と大振りに叩きにいき、対戦相手に「早くガラ空きの胴を打ってくれ」と願いました。

案の定、胴で一本負けしました。

重ね重ね言います。

剣道を愛する皆様、大変申し訳ございません。

5、6歳のガキの思考なので、ご容赦ください。
それでも父に「剣道を辞めたい」とは言えず、ズルズル小学3年生まで続けました。

そこで転機が訪れます。

3年生になると、少年野球チームに入れるわけです。

野球は父も大好きだったので、僕が野球をやることには大賛成。

「これで剣道を辞められるな」と思ったら、父からまさかの一言。

「両方やれ」

しばらく両方やっていました（苦笑）。

断然、野球が面白くなってきた一方で、やはり野球はレギュラー争いがあります。

ここで生まれて初めて父に物申したわけです。

「野球に専念したい」

ようやく理解してくれました。

この時、父はまだ20代。今思えば、まだ若かったし、色んな意味で息子の俺には厳しくも雑な扱いでした（苦笑）。

第一子が女の子だったわけで、第二子の男には、そんな感じだったのかなと。

野球を始める時も「一人で行って、僕も入れてくださいって言って、練習させてもらってこい」

と。

いやいや、まずは親も一緒についてこうぜ！

野球チームは毎朝、登校前に朝練をやっていて、そこに一人で行って「入れてください」と言わなければなりません。

「ほら、行ってこい」と自宅から放り出されるわけです。

でも、しばらくは俺一人ではそれができず、ただ練習を眺めていました。

しばらくすると、俺に気付いた同級生がコーチに話してくれて、練習に参加した記憶があります。

ほどなくして正式に入部し、最終的には1番キャッチャーというポジションで副キャプテンでした。

ちなみに父はこの野球チームのコーチにもなりました。

先ほども書いたように毎朝、登校前に練習をしていたのですが、冬は霜柱ができて、練習がおこなえませんでした。

けれど、そんな冬も父が付き添って自主練習をしていました。

この頃、一番父を恨んだかもしれない。

そうそう、大晦日になると、なぜか住んでいた江東区から15㎞くらい先の明治神宮に走って初詣でに行くというのが恒例でした。

確か小学1年から中学3年まで続けました。

「なんで俺だけ、こんなにやらなきゃいけないんだ!?」と。

今にして思えば、もちろんこれがあったから、のちの人生、身体能力的にはよい方に成長できたのかな…とは思うけど、当時は父が怖くて、苦手でした。

チームには4番でエース、しかもキャプテンの奴がいたのですが、そいつは朝練には一度も来ませんでした。

週イチだけの練習しかしない彼に敵いませんでした。

さらに言うと彼は同級生で一番喧嘩も強く、なぜか定期的に挑んでいったのですが、一度も勝てませんでした。

こんな感じでどんな時も「一番」ではありませんでした。

彼のことを「こういうのを天才っていうのかな? コイツはどんなスポーツをやっても成功するだろうな」と思っていました。ただ、練習嫌いだったのかなんだか分からないけど、中学に行ったら、何の音沙汰もなくなりました。まあ、そんなもんなのかなとは思いました。

プロレスとの出会いは小学生になってすぐの頃でした。

今でも鮮明に覚えているのが、1977年の全日本プロレス「世界オープンタッグ選手権大会

笑顔がかわいい幼少期、4歳ぐらいの時の一枚

（世界最強タッグ決定リーグ戦の前身）」のザ・ファンクス（ドリー・ファンクJr＆テリー・ファンク）対アブドーラ・ザ・ブッチャー＆ザ・シーク組。

ブッチャーらがフォークでグサグサと腕などをメッタ刺しにするあの伝説の試合です。

この試合だったかは分かりませんが、確か日本テレビの中継で「ショッキングな映像なので写真で、ダイジェストで」みたいな試合もあったのです。

でも、当時の望月少年は「これは人間がやっているプロスポーツ」と理解していませんでした。「人がこれだけ血を流して死なないわけないだろ」と思っていて、仮面ライダーやゴレンジャーとプロスポーツの間を取るような特殊なジャンル、それを会場にお客さんを入れておこなうものと勝手に自分で納得していました。

それでもとにかくテリーがカッコよくて、土曜日の夕方5時半には必ず家に帰って見ていました。

まさかその30年後に俺自身がブッチャーさんからフォークで額をグサグサされるなんて、この時は１㎜も思っていなかったですが（苦笑）。

ムチャクチャな父親、そしてバレーボール部へ

小学校を卒業し、学区内ではなく両親が共に卒業した隣の学区の中学に行きました。

ただし、続けたかった野球がその中学には部がなかったので、硬式のクラブチームに入ることも考えました。

どうしようかと悩んでいると、父がまたムチャを言います。

「学校の部活には入らないとダメだ。野球を続けたいなら両方やれ」

父親は何を言っているのだろう。無謀すぎる、無理やん…。

俺は何をやるにしても、しっかりレギュラーを取って活躍したかった。

「そしたら陸上部で鍛えて高校から野球をやれば？」との案も父から出ました。

でも、野球の競技人口なんて、たぶん今より遥かに多かった時代。

まだサッカーが日本でそれほど流行っていなかったですから。

それと、一番の問題は…。

先述したように、父はこの中学のＯＢで、しかも陸上部にコーチとして毎日、練習に参加していたのです。

家でも学校でも父の目が光っているなんてイヤじゃん。

幸い勉強には、うるさくはなかったですけど。

そんな葛藤の中、父から「それなら一番強い部に入れ」と、バレーボール部を選びました。

当時の日本は女子バレーが強く、俺も興奮して見ていました。

それもあって「バレーボールもいいいな」と思い入部しました。

まあとにかく厳しかった。

あと、先輩が怖かった。

なぜかこの中学は僕が入った時の2年のキャプテン、3年のキャプテンが、その学年の番長でして（苦笑）。

おまけに一つ上の学年は5人しかおらず、6人のレギュラーの中、一人はマネジャーみたいな感じ。一人は途中からレギュラーを抜け、ひと学年下ながら1年の秋からレギュラーになってしまったのです。

喜びというよりプレッシャーの方が大きかったです。

レギュラーになった途端、そのマネジャーみたいな感じの先輩に団地の裏に呼び出され、因縁をつけられるのは、さらなるプレッシャーでした。

その後、僕らの学年の代になった時、キャプテンは僕らの学年の番長…ではなく、学業成績学年10位くらいの人でした。そもそもそんな番長みたいな人はいなくて、僕らの学年は全国共通偏差値テストで、ただの公立中学ながら、平均点が東京で1位になるほどの秀才揃いだったのです。

それまで俺はそれほど勉強ができない方ではないと思っていました。

でも、学年150人中、125位くらいで…。

運動面では諸々学年で5位くらいには入っていました。短距離は学年で5位、長距離は1年の時に学年1位。バレーボール部ながら1500m走では江東区で6位に入りました。ただ、1位から4位の奴は勉強ができるんだ、これが。

小学生時代なんて、どっちかができたらモテたものでしたが、この学校は文武両道が当たり前。俺はバレーボール部では準エースでしたが、エースの奴は勉強が学年トップ（苦笑）。何かこの頃から常に2番手以降…要はエースにはなれない宿命というか、そんな感覚が自然とできあがった気がします。

ちなみに少年野球に続き、またも副キャプテンを言い渡されました。

俺らの代は、江東区内では無敗。最終的には東京都でベスト16までいきました。

そして、中学でのバレーボール生活が終わりを迎えた時、またまた父から「高校では何部に入るんだ？」という問いかけ。偏差値や校風など、そんなものも関係なしに相談してきました。もちろん俺にも帰宅部という選択肢はなかったですが、進路の第一条件が「何部？」が望月家の教育方針でした。

あっ、「望月家の」とは言いましたけど、姉と妹にはありませんでした。

俺だけだ（苦笑）。

でも、なぜかこの中学辺りから父があまり口うるさく言わなくなりました。

どうやら父と仲のよい先生から「成晃はだいぶ厳しく育ててきただろ？　このまま厳し過ぎると、隠れて悪いことをする人間になる。もう少し家庭では緩くした方がいい」と忠告があったらしいです。

確かに学校で何かしらの悪事をしても、父にバレるのを恐れ、嘘をついて逃れようとしたことがありました。

この頃の教師は、今では考えられないですが、張り手くらいは日常茶飯事で…でも張り手なんか何ともありませんでした。

とにかく父に悪事がバレるのが一番怖かった。

そんな感じで、何となく家での父の厳しさが少し軟化していったのです。

テレビで初めて見た新日本に走った衝撃

プロレスの話題に移ります。今まで全日本プロレスを「これは人間がやるものではない」と思っていたものの見方を変えるプロレスを目にします。

それが新日本プロレス。

全日本を見ながら、新日本の存在自体は何となくしか知りませんでした。

なぜなら当時の新日本のテレビ中継は金曜8時の時代。

石原軍団の大ファンである母親が「太陽にほえろ！」を見ていたので、この時間、テレビが空くことがなかったのです。

なぜその日、テレビが空いていたのか分かりませんでしたが、初めて新日本を見られました。アントニオ猪木&ハルク・ホーガン対キラー・カーン&タイガー戸口のＭＳＧタッグリーグ優勝決定戦でした（１９８２年12月10日、東京・蔵前国技館）。

新日本にもそこからハマりました。藤波辰巳（当時）と長州力の名勝負数え唄が始まった頃で、初代のタイガーマスクが全盛期。なんかスポーツライクに感じたんですね。あとは、とにかく長州さんの反体制だけど、カッコいいという、今までいなかった日本人プロレスラーとしての姿とタイガーマスクさんの類稀なる動きに魅了されていったわけです。

ここで初めてプロレスラーを目指す気持ちが芽生えました。

「プロレスは鍛えた人間がやっているんだ」と。

テレビに映るプロレスラーが、みんな輝いて見えましたから。それまでチームスポーツばかりやっていたのもあって、個人で輝いてみたいと思ったのです。

話を戻すと中学卒業後の進路に行き着きます。

この頃から「普通のサラリーマン」は考えられず、「だったら高校で何部に入るか？」は人生の重要課題になっていきました。

父が中学に出入りしていた関係で、俺が小さい頃から知っている先生もたくさんいました。

結果、進路指導の先生を含め、色んな人の意見を聞き、高校で何をやるかを考えていくことになりました。

まず、バレーボールでの活躍が認められたのか、某大学附属高校から「来ないか？」と誘われたこともありました。

そしてもう一つ、自分の中では野球という選択肢が少し残っていました。

中学3年の時、新しい先生が赴任してきました。その先生は前の学校で野球部の監督をしていたとのことでした。ある日、体育の授業でソフトボールをやった時、俺が学校の周りを囲む高い塀を越えたホームランを打ったのを見て「バッティングセンスがある」と言ってくれ、「中学で本格的にやっていないのはマイナスだけど、可能性はある。某大学附属高校なら紹介してやる」と言われたのです。

ちょっとその気になりますよね。

さらにはプロレスラーへの道。

一度、父には「高校に行かないでプロレスラーになる」と伝えたのですが「高校は出ろ」と言われたのと、当時は１８０cm以上ないと入門が許されない時代ですから、「身長伸び待ち」ということで高校ではレスリング部という選択肢も出てきました。

悩みに悩みましたが、まず却下したのが野球でした。

やはり中学でやっていないのはマイナスだろうと。

勧めてもらった高校は甲子園常連校だったので、さすがに自信がありませんでした。

レギュラーになれなきゃ意味がないですから。

「試合に出る」というのが大前提なので、まず野球への道はあきらめました。

そしてバレーボール。

俺はアタッカーでした。

バレーボールは高校に行くとネットの高さが変わります。

この辺りが計算高いというか、「レギュラーになって活躍する」が、俺の中の大前提なので、「高さ」でどうにもならない部分があるバレーボールも却下となりました。

晴れて「プロレスラーを目指し、レスリング部」という選択をしました。

レスリングなら高校から始める人がほとんどだろうし、あとは自分次第。

もう一つは、今まで野球、バレーボールとチームスポーツをやってきて、もちろん試合で勝利を目指してはいたけど、チーム内の「一番」になれなかった思いもありました。

個人競技で自分がどうなのか？

それも体感したかった。

個人競技で「一番」を目指して…。

そして高校で身長が180㎝になることを祈って、足立高校のレスリング部に入りました。

金髪パーマだらけの高校、人生初めての格闘技はレスリング

晴れて足立高校に入学。

なぜ、この高校を選んだかというと、「東京都でレスリング部が強豪である」と高校案内書に書いてあったのと、偏差値的に入れそうだったからです。

この2点だけでした。

それ以外、何も気にしていませんでした。

入学式…。

いやー、たまげた。

前後左右に数人の金髪パーマ。

「あれ？　禁止じゃないのか？」と思いました。

「俺は不良だぞ」というインパクトを残すために入学式に金髪パーマで来たのでしょう。

完全にマンガ「今日から俺は!!」※の世界。

そんな彼らは即効で校長室に呼ばれ、「入学金を返すから来ないでくれ」と言われたらしいです。

翌日、坊主で登校して来た彼らは、同じ教室にいました（笑）。

「なんかエラい高校に来ちゃったな」というのが第一印象でした。

ただ、俺には「レスリング部を出てプロレスラーになる」という目的があったので、さほど気にはならなかったです。

人生で初めてやるレスリング＝格闘技。

今までは球技、チームスポーツをやってきたので、他人と取っ組み合うというのが、まず新鮮でした。

とにかくこの頃は「新日本プロレス大ブーム」を中学時代に見てきた世代。

プロレス好きの同級生はレスリング部に15人もいました。

今のプロレス界を見ても俺の世代の2、3年前後がとにかく多い。

しかも、レスリング部出身が多いです。

みんな俺と思考は同じだったのでしょう。


今日から俺は!!　90年代に「週刊少年サンデー」で連載されていたヤンキーマンガ。2018年にはドラマ実写化された。

高校でレスリング→プロレスラーになると考える人が。

そこでものすごい成績を挙げた人は大学にも進んでいるという感じかなと思います。

高校レスリングは、さほど競技人口、レスリング部のある高校は多くはなかったですが、大会も多かったので、やりがいがありました。

最初の大会は1年生大会。

俺は65kg級で、全7階級中、1番か2番目にエントリーが多かったです。

毎回7kgくらい減量していました。

当時は減量のやり方を知りませんでした。

「水でも太る。ご飯より肉が太る」と考えられていた時代でしたから。

「食べずに動く」しかなかった。

成長期でしたからね。

長い時間をかけてゆっくり減量というのができませんでした。

毎回、大会1週間前から始めて、7kgの体重を落としていました。

朝、コップ一杯の水だけ飲んで登校。

昼にサラダとおにぎり一個を食べて、放課後3、4時間は夏でも厚着で練習。練習後にコップ一杯の水を飲む。あとは家に帰って翌朝まで何も口にしない。

夜中などお腹が減り過ぎて起きてしまうのです。

そういう時はシラスを一匹だけ食べたりしていました（苦笑）。

当時、東京都内にレスリング部がある高校は10数校でした。

それでもエントリーは20人を超えていましたから。

やりがいのある階級でした。

初めての大会は、なぜかわけも分からず、緊張し過ぎていたのか1回戦で負けてしまいました。

同じ高校の他の同級生はバンバン優勝や入賞をしていたのに、俺は1回戦負け。

決して同級生の中でも弱かったわけでもないのですが、なぜか負けました。

ちなみに俺に勝った相手は2回戦で負けていました。

のちに合同合宿で1回戦負けした相手とスパーリングをしたら10秒くらいでフォールできたのですが、なんか試合に弱いメンタルだったのかもしれません。

その年の秋に、もう一度1年生大会がありました。

1回戦の相手は春の大会で入賞した奴でもなかったのに、また大苦戦しました。

「あれ？　俺って、やっぱり本番にダメなのかな」と思いました。

なんとか逆転でフォール勝ちでき、それから勝ち方が分かったのか、自信がついたのか、2回戦、3回戦、準決勝と楽々フォール勝ちして決勝に進みました。

決勝では負けましたが、なんとか面目は保てました。

この時の決勝の相手…仮にＨ君としましょう。

彼は都内の65kg級で常に圧倒的１位でした。

Ｈ君には、のちの全東京大会で準決勝か決勝で必ず当たり、一度もまったく歯が立たなかったのです。

高校レスリングの引退試合となった相手も彼でした。

国体東京予選の準決勝でＨ君に負けて高校レスリング生活は終わりました。

この話には続きがありまして…、

Ｈ君はその後、国体本戦でも全国優勝したわけです。

その国体本戦の準々決勝の相手が、なんと桜庭和志さん※でした。

桜庭さんが学年も同じで高校でレスリングをやっていたことは、あとで知りました。

そして数年前、プロレスリングＮＯＡＨで初めて会って、お話しした時に階級が同じだったことが分かり、国体の準々決勝でＨ君に負けたことも知りました。

もし、東京予選で俺がＨ君に勝っていたら、高校の時、桜庭さんと闘っていたのかもしれないのかぁ…と思うと、感慨深さと、当時の自分の弱さを悔しく思いました（苦笑）。

ちなみにこの同学年、同階級にはのちのオリンピックメダリストもいたりして、とてもレベルが高かったのです。

さらに、この高校レスリング部でも小学生時の野球、中学時のバレーボールに続き、またも副キャプテンをやりました。

さて、プロレスラーへの道ですが…。

この高校3年間ではろくにプロレスを見る時間もなく、さらには減量がキツかったのが原因かは分かりませんが、背がまったく伸びませんでした。

何となく燃え尽き症候群に加えて、背が伸びなかったこともあり、心が揺れました。

実はこの高校時代には鈴木みのるさん※と何度かお会いしていました。

鈴木さんの在籍する横浜高校の監督と俺が在籍する足立高校の監督が大学の同級生で、よく練習試合をしたのです。

残念ながら鈴木さんとは階級が違ったので手を合わせることはなかったのですが、鈴木さんが

桜庭和志　93年にUWFインターナショナルでデビューしたプロレスラー、総合格闘家。PRIDEで一躍脚光を浴び、無類の強さを誇っていたグレイシー一族を次々と撃破。NOAHではプロレスのタイトルを初めて獲得した。

鈴木みのる　88年に新日本プロレスでデビュー。新生UWF、藤原組を経てパンクラスを旗揚げ。03年6月、新日本に14年ぶりの参戦。その後もさまざまな団体で活躍している。

卒業後に新日本プロレスに入ることは知っていました。

近い位置にいた一つ上の先輩が入ったことは、とても身近に感じましたが、逆を言えば、「鈴木さんのような素晴らしい成績があったから入れたのかもな」「鈴木さんほどの成績を挙げられなかった180㎝ない俺が入れてもらえるのか?」などとネガティブに考えるようになってしまい、ここで「あきらめなきゃいけない夢」とドラフトにかからなかった高校球児のような心境になり、普通に就職する道を選んだわけです。

こうして物心がついた頃から、スポーツをやってきて、上には上がいることを知り、高校レスリング時代にはH君のような圧倒的に強い人が身近にいたことで、今になって思うのは、子供の頃の俺はそれほど「負けず嫌い」ではなかったのかもしれません。

「ある程度の位置」に行けば「ある程度、満足」していたというか…。

「何が何でも1位」というより「1位は無理そうだなぁ…でもせめて2位、3位にはいたい」みたいな(苦笑)。

それでも上記に出たH君が準決勝でケガをして棄権した大会や、H君が出ていないフリースタイルではなく、グレコローマンスタイルで優勝したりはしましたが、「優勝は難しそうだ」という大会で優勝できたことはなかったです(苦笑)。

そんな性格だったので、この時はふとプロレスラーへの道は心の中にしまいました…。

（上）厳しかった父親と一緒に撮影。8歳の頃、富士山八合目にて　（中）バレーボール部時代に部員たちと。男子後列の左から2番目が望月　（下）レスリング部時代の集合写真。前列中央の顧問の右が望月

結局「一番」にはなれなかった学生スポーツ時代。
ここから数年、ポッカリと心に穴が空いた抜け殻のような生活が数年続きます。

第2章
強運、動き出したプロレスラーへの道

新生UWFでプロレスファン熱が再来

高校を卒業し、ホテルマンという仕事を選んで就職しました。

物心がついた時から、趣味程度ではない勝利に向かうスポーツ競技者として18年間、生きてきて、「強制的な練習がない」という生活は、それはそれで新鮮で、ある意味楽しい部分もありました。

高校でレスリングに打ち込んでいた頃は、地元の同級生とほとんど会えなかったので、仕事をしながら週イチで草野球をやり、平日には同級生と会って飲みに行くという生活をしていました。

何より男子校のレスリング部でしたから、女子との交流なんて皆無に等しかったです（苦笑）。久々に地元の女子友達と会うのがメチャクチャ新鮮でした。

ちなみに、最初に就職したホテルマンは、今でもそうなのですが、朝早いのはまったく苦にしない俺ですが、夜中に働くという生活になじめず、2カ月弱で辞めてしまいました。

そこからはトラック運転手をやりました。

父はトラック運転手、両祖父もトラック運転手、父の兄弟も母の妹の旦那さんも弟も、父の従兄弟もトラック運転手の「トラック運転手一族」でもありました。

これは血でした。

プロレス熱も少し冷めていたのかもしれません。

なんとなくゴールデンタイムのテレビでやっている新日本プロレスだけ見ていました。

しかし…脳天を貫くような団体が、まもなく誕生します。

「新生ＵＷＦ」※

一気にプロレスファン熱の再来です。

突き詰めたら、俺は極真空手もよく見ていたし、「蹴り」が好きだったのかもしれません。

プロレスの中の「本格的な蹴り」というのがとても美しく見えて一気にハマりました。

ファンクラブにも入り、見に行ける大会は足を運び、当時９８００円したビデオも全部買いました。

どんどん熱が高まり「ＵＷＦに入りたい」と考えるようになりました。

この時まだ19歳、間に合うなと。

スポーツとかけ離れた生活をしていたため、父に「俺、ＵＷＦを受けるから、体を鍛え直すた

新生ＵＷＦ　前田日明、藤原喜明、髙田延彦、船木誠勝、鈴木みのる、田村潔司らが在籍。ロープワークや華麗な空中技などのプロレスの要素を一切排除した試合スタイルが話題を呼び、爆発的ブームとなった。

めに一旦仕事辞めるわ」と宣言します。

一カ月ほど、自主トレーニングをしていた頃、たまたま前田日明さんのインタビュー記事を目にしました。

その内容は「今、ＵＷＦには入門希望者が多過ぎる。今後は１８０cm以下の者は、どんなことがあっても面接で落とす。履歴書にウソの身長を書いてもダメだからな」的な記事だったのです。

ガーン…。

父からも「そろそろ働け。いつまでもプー太郎してるんじゃない」と言われ、また「普通の人」に戻りました。

それでも、ＵＷＦは引き続き熱を持って応援していました。

ＵＷＦはその後、分裂を経て3団体となりますが、すべて観戦に行っていました。その中で三たび俺を目覚めさせる衝撃の一戦を目にすることになります。

格闘技世界一決定戦、高田延彦vs北尾光司（１９９２年10月23日、東京・日本武道館）を。

〝押忍〟の世界…空手の士道館に入門

のちにプロレス界へと俺を引っ張ってくれた北尾光司※さんのことはもちろん重々知ってい

ました。

相撲も好きで見ていましたし、新日本プロレスでおこなわれたデビュー戦（１９９０年２月10日＝東京ドーム）も見に行きました。

当然、目当ては初の全日本プロレス勢の新日本ドーム大会参戦でしたが…（苦笑）。

その後のＳＷＳでのトラブルも…ハッキリ言うとアンチでした（苦笑）。

ただ、山崎一夫さんとの試合（ＵＷＦインターナショナル、１９９２年５月８日＝神奈川・横浜アリーナ）は、とても強さを感じたので、髙田さんとの試合は大、大、大注目。もちろん日本武道館まで見に行きました。

結果はみなさんご存知の通り、髙田さんの衝撃のハイキックによるＫＯ勝ち。涙を流しながら「タカダ」コールをしました。

こうなったら、もういても立ってもいられません。

現状、プロレスラーになるのが難しいなら、格闘技をやればいい。

まだ総合格闘技が生まれる前の話です。

北尾光司　大相撲出身。双羽黒の四股名で横綱にまで上り詰めた。廃業後の90年に新日本マットでプロレスデビュー。ＳＷＳ移籍を経て、総合格闘技の道へ。その後、プロレス復帰などを経てフェードアウト。２０１９年２月没。

「あんなハイキックが打てるようになりたい」と空手をやることにしました。

総合格闘技はまだ夜明け前のような感じで、当時はK－1の人気が出始めた頃。

俺は元々、極真空手も見ていましたし、空手の競技人口も増えてきた頃でしたので「仕事をしながら空手の大会に出る人生もいいな」と思いました。

格闘技通信（ベースボール・マガジン社が発行していた格闘技雑誌）も売れていた時代でしたし、「空手の成績で格通に載るのが目標」と定め、たまたま職場近くにあった「士道館」※の東京本部に入門しました。

入門日、道場を訪ねると、受付に座っていたのが現総帥の添野（義二）館長でした。

添野館長のことはマンガ「プロレススーパースター列伝」※のタイガーマスク編で頻繁に登場していたので知っていました。

「え？　本物!?」と思ったくらいです。

この出会い方も、ある意味、運命だったのかもしれません。

東京本部の合同稽古日は週に3回でした。

ウエイト・トレーニング場もありましたし、仕事終わりの時間に家に帰ると、道がとても渋滞するので、「渋滞する時間に帰るくらいなら、ウエイトをやってサンドバッグを蹴ってから帰ろう」と日曜日以外は毎日行っていました。

そのため出席率がこの道場でダントツになり、すぐ館長から顔を覚えてもらえました。入門して1カ月半後に昇級審査がありまして、もちろん俺自身は「1カ月半しか通ってないのに審査なんて早いよな」と思っていたら、館長が直々に「望月、受けろ」と。受けたら普通は帯が「白」→「青」→「黄色」と上がっていくのですが（極真は「青」の前に「オレンジ」があったりしますが）、いきなり「青」を飛び越えて黄色帯をもらったのです。

さらに、その3カ月後の審査で緑帯になり、またその3カ月後に茶帯になり、恐らく同道場最速で黒帯一歩手前の茶帯を7カ月でいただきました。

ちなみにその間、入門してまだ5カ月弱で全日本大会があり、士道館ルールでは空手なのに投げていいとなっており、レスリングもやっていたため、出場を決意。もちろん普通は出られませんが、館長から直々にOKをもらって出場しました。

1回戦の相手の体格は同じくらい。2年くらいやられている方でした。

士道館　極真会館主催の全日本空手道選手権初回大会（1969年）準優勝者である添野義二が、1978年「世界空手道連盟士道館」を設立。活動の舞台を世界に広げ、世界60カ国以上に支部を置く。

プロレススーパースター列伝　猪木、馬場や初代タイガーマスクから強豪外国人選手まで、80年代に人気のあったプロレスラーを取り上げたマンガ。当時のチビッコプロレスファンを夢中にさせた。

士道館はつかみながらの攻撃も有効なので、首相撲からのヒザ蹴りがアリなのです。

相手はやたらと、その攻撃をしてきました。

ヒザ攻撃を避けながら相手の胴をつかみました。そうなると相手は首を絞めてきます。要はヘッドロックの形になり…「チャンス！」。

ものの見事にバックドロップが完成しました。

何年か前のインスタに投稿しているので見てみてください（笑）。

打撃では少し押された感があったものの、バックドロップの印象がよかったのでしょう。

２－１の判定で辛くも勝ちました。

「２回戦もこの調子で！」と思っていたら、その相手は１３０kgありまして…（苦笑）。

判定負けしました。

そして、なぜかこの大会を北尾さんが見に来ていました…。

全日本大会後、道場で館長にお会いし、このようなことを言われました。

「楽しそうに試合していたな。オマエはお客さんの前で試合をするプロ向きかもしれない。何かあったら、オマエを出すから」

「全然楽しいなんて意識はなかったけど、なんか褒めてくれたんだな」と特に気に留めていなかったのですが…。

ほどなくして道場内にある噂が流れます。

「この前の全日本大会、北尾が見に来てたじゃん。何か北尾が大会を開いて、ウチから選手を出すらしいよ」

俺は全日本での1回戦で勝ったとはいえ、まだ空手キャリア半年の身。

「誰が出るんだろ?」と思っていました。

さらにその後、俺ともう一人の同じ歳、同じくらいの体格の先輩と共に館長に呼び出され、こんな指令が下されます。

「来年（94年）1月に北尾が後楽園ホールで大会をやるから、オマエら2人で空手ワンマッチをやれ」

館長からの問いかけに対する返答は、すべてこれです。

「押忍」

基本的に否定はできません。

空手を習ったことがない人からしたら「冗談でしょ?」と思うかもしれませんが、すべて「押忍」で返答するのです。

聞こえづらかったり、疑問があったりした時は微妙にイントネーションを変え「押忍?」と語尾を上げて言い、館長がギャグを言った時は「押忍、押忍、押忍ー!」と笑いながら言います。

ちょっとだけ落ち込む態度を伝えたい時は「押…忍ぅ…」と語尾を下げて言いますね。

もう一度言います、マジです（笑）。

館長からの指令を聞いて「お、もしかしたら週プロ（週刊プロレス）に載れたりするんじゃないか!?」と楽しみにしていました。

数日後…。

再び館長と会った際、こう告げられたのでした。

「望月、あの空手のワンマッチの件、なくなった」

「週プロに載れたかもしれなかったのに残念だな」と思いましたが、続く館長の言葉にブッたまげることになります。

運命のデビュー戦、北尾光司という男

「空手のワンマッチじゃなくて、アメリカ人のプロレスラーと闘うことになったから！」

「お、押忍!?」

疑問系の押忍が思い切りサク裂しました。

「闘えるか？」ではなく「そういうことに決まったから」という事後報告。

「ルールはこれな。対戦相手はコイツな」

コピーされた用紙と写真を一枚ずつ渡され「頑張ってな！」の一言を残して館長は去っていきました。

対戦相手はピート・タンジーロこと、のちのタズ※。

「筋肉の塊じゃん…」

「五体満足でリングを降りる」ことをまずは目標に、勤めていた会社に一カ月の休暇をもらい、1日6時間強の練習期間を取りました。

ちなみに俺と空手マッチをやる予定だった先輩に「先輩は誰とやるんですか？」と聞いたら驚がくの答えが返ってきました。

「え？　望月さん、出場OKしたんですか⁉　俺はもちろん断りましたよ。プロレスラーと闘ってケガしたくないじゃないですか！」

「え？　押忍は？　断れたの？」

先輩は空手一筋の人で、プロレスに興味がなかったので、断れたのかもしれません。

タズ　WWE、ECWなどで活躍したアメリカのプロレスラー。必殺技はタズミッション（ハーフネルソン・チョークスリーパー）。

一方で俺は恐怖心がありつつも「俺の人生で何かが始まるかもしれない」という期待感もありました。

恐怖心と闘いつつ、稽古に励みました。

そして間も無くして、北尾光司が道場にやって来て、一緒に練習をするようになります。

北尾光司。

すっかりスポーツとは無縁の一般人になっていた俺を、再び格闘技の世界に戻した、あの高田延彦vs北尾光司の一戦の負けた方。

「何だ、このとてつもない巡り合わせは!?」

過去に何度かあこがれては、あきらめていたプロのリングの世界に、まさか北尾光司がキッカケで上がることになるとは！

恐ろしいまでの巡り合わせに自分自身、興奮しました。ただ…。

「北尾光司って噂通りの人なのか？　そうだったら、一緒に練習をするのはイヤだな」

そんなふうにも思っていました。

でも、極普通でした、最初は…ですけど（苦笑）。

北尾さん自身も練習場を借りている身。

一緒に練習する俺は、この時点では自分の興行に出場してくれる部外者。

ましてや練習を手伝ってくれる人。

館長からは「練習パートナーになれ」と頼まれていたので、ミーハー心も少しありながら接していましたが、北尾さんも気を遣ってくれました。

迎えた94年1月21日、東京・後楽園ホール。

客席は満員でした。

当時はプロレスの興行を東京でやるとしたら、最小が後楽園ホールの時代。

団体も10くらいしかなかったのではないかと思います。

後楽園ホールでやる以外なかったのです。

もちろん新木場1stＲＩＮＧ※も新宿ＦＡＣＥ※もありません。

それでも旗揚げ戦もまだ珍しい時代だったので、お客さんは入っていました。

俺の試合はと言うと…、

「もしかしたら再起不能」の覚悟で上がった試合でしたが、負けたとはいえ、リング上で思った

新木場1stＲＩＮＧ　東京・新木場にある会場。リングが常設され、どこからでも見やすいつくりのため、数多くのプロレス団体が毎日のように興行をおこなっている。

新宿ＦＡＣＥ　日本一の繁華街である東京・新宿、歌舞伎町のど真ん中にある会場。キャパは600人。新木場よりも会場内は広く、こちらも多くの団体が興行をおこなう。

通りくらいのことはできましたし、お客さんも沸いていました。ケガをすることもなかったです。

「あれ？　俺、プロのリングでやれる？」と思い始めました。

そして同年3月、北尾さんが初めて天龍源一郎率いるＷＡＲ※の東京・両国国技館大会（94年3月2日）に出場することになり「セコンドに付いてくれ」と頼まれました。日曜日で仕事も休みだったので行きました。

それからも練習は毎日、仕事後に一緒にやるようになり、段々と「俺、プロレスラーになりたかったんだよな。これ、もしかしてチャンスなのでは？」と思い、意を決して打ち明けました。

「僕、実はプロレスラーになりたかったんです。一緒にやらせてくれませんか？」

そのあとのやりとりはこのような感じでした。

「おぉ、ちょうどよかった。いろいろ移動するのに運転手がほしかったんだよ」

「じゃあ雇ってください」

トントン拍子で決まりました。

「あれだけ何度も夢見てはあきらめた世界に、空手を始めたキッカケになった試合の負けた方の人と一緒にプロレスをやるなんて…しかもチャンスは降って湧いたようなもの。人生わからねえなぁ」

自分の持つ強運と巡り合わせには驚きました。

そういえば俺には手相にマスカケ線※があるのです。

思い描いたことは何でも実現するらしい。

そして、ここから人生が目まぐるしく劇的に変わっていくことになります。

正式に運転手兼付き人になった俺の最初の仕事は、北尾さんの出演する「芸能人対一流スポーツ選手運動会」的なフジテレビの番組で、ハワイでの撮影でした。

俺自身、初めて海外に行きました。

普通に仕事をしていたら海外なんて行かなかっただろうと思っていましたから。

現場は、今までテレビでしか見たことのない人ばかり。

司会は「90年代だよなぁ」と思わせる、田代まさしさんと森口博子さん。

森口さんはファンだったので嬉しかったです。

当時、北尾さんのバラエティ出演は多くあり、とんねるずさんの番組も多かったと記憶しています。

ただ、最初の一年はたった4試合しかなく、運転手仕事が多かったのがつらかったです。

WAR　プロレス団体・SWS崩壊後、天龍源一郎が1992年に旗揚げ。2000年7月に活動停止。
マスカケ線　手相で、感情線と知能線が一緒になり、1本の線になっている相のこと。

試合があれば、まだいいのですが…。

殴られるようなことは一度もなかったですが、やはり元横綱ですからね。

普通の人とは感覚が違う。

「プロレスがやれるなら」と運転手になりましたが、なかなか試合が組まれないことに、さすがにストレスは溜まっていきました。

そもそも自主興行が年2回しかありません。

他団体も俺みたいな何の実績もない空手家など、そう安易には使いませんから。

「今は耐え時」と日々運転していました（苦笑）。

それでも「もう辞めます」と喉元まで出かかったことがありました。

北尾さんに何かされたとか、そういうことではありません。

とてつもない環境に放り込まれたのです…。

北尾さんが力士役でハリウッド映画への出演が決まり、2カ月、タイに撮影で行くことになりました。

1カ月、2週間、2週間という振り分けでした。

力士役ということで、マワシを締めなければいけなくて…。

マワシって、決して一人では巻けないらしいのです。

「それだけのために行くの？」

ぶっちゃけ、そう思いましたが、「まあ付き人だし、周りが外国人ばかりだから仕方ないか」と思い、同行しました。

この時、初めてビジネスクラスに乗れたので、「なんか悪くないな」とも思いました。

しかし…。

撮影時のあれこれは置いておきましょう。

それより何より、ホテルの部屋が一緒なのです。

これにはまいりました。

1カ月24時間、北尾さんの目から離れるのは寝付いた時だけ。

毎日、日本に帰る夢を見ました。

しかし目が覚めると、いつものホテルの天井。

これを見た瞬間に胃が痛くなるくらいです。

朝5時起きで、帰りは夜8時。それが月曜から土曜まで続きます。

唯一の休みが日曜日で、その時だけトレーニングできました。

1カ月で8kg痩せました。

2度目のタイに2週間いた頃には、確実に俺だけでなく、北尾さんにもストレスが感じられました。

こうなるとお互いがどうこうではありません。

すぐに日本に帰れないことがストレス。

2回目の渡泰が終わり、3回目を迎える前、俺は心の中で辞表を用意しました。

そりゃ悩みました。

今と違い、いる団体を辞めたからといって、どこかに出られる時代ではありません。

ましてや、まだ何も実績がない俺。

「北尾さんから離れる」＝「プロレス辞める」でしたから。

このままでは胃ガンになるレベルでした。しかし…。

「あとの2週間は行かなくてよくなった」

ここでも強運が発動したのかもしれません。

寸前で引退を免れました（苦笑）。

この難局（?）を乗り越えてからは、段々と試合も増えていきました。

95年の後半辺りからは北尾さんとともに準レギュラーのような形でWARさんからオファーをいただくようになったのです。

「天龍源一郎の痛みの伝わるプロレス」に、どっぷり浸かっていくことになります。

プロレスファンではない方も、一度はこの名前を聞いたことがあるのではないでしょうか。WARで一番教わったのは「打撃から逃げるな」ということでした。打撃を受け切るというのは、見ているお客さんから「プロレスラーはすごい」とストレートにわかりやすく伝えられるものだからだと。

最初は本当に怖かったけど、慣れてくるもので…。そういう意味で打撃に関しては今でも「攻め」と「受け」、両方強いかなと思います。

デビュー2年目、俺に与えられた役割はジュニアヘビー級のカテゴリーではなく、あくまで「北尾光司のパートナー」でした。

参戦するようになって3戦目だったでしょうか、組まれたカードはタッグマッチ。北尾&望月組対天龍&北原光騎組でしたから。

「おい、俺、天龍源一郎と闘ってるよ」

そんな感慨深いことがいきなり日常的になったわけです。

この試合で天龍さんの延髄斬りを食らい、後頭部の痛みから熱が出て、39℃まで上がりました。

「これが痛みの伝わるプロレスか」

そう思いました。

いつだったか、北尾&望月組対天龍&エル・ヒガンテ※なんてカードも組まれましたからね（苦笑)。

残念ながらこのカードはヒガンテさんが俺と当たる予定だった前日の試合でヒザを痛めて実現しなかったのですが、そのような立ち位置で試合をしていました。

タッチワークも何もわかりませんでした。

ロープワークすら知らなかったですから。

でも、そんな俺でも受け入れてくれる寛容さが、天龍さん、WARにはありました。

この時期、試合の中でいろいろと勉強できたのは冬木軍※との闘いでした。

冬木弘道さん、邪道さん、外道さん、ライオン道(ライオン・ハート＝クリス・ジェリコ)さん。

「タッグマッチって、こう闘うのか」

プロレスのお手本のようなチームでした。

それまでは北尾さんと組んだことしかなく、基本的にタッグマッチに必要な連係プレー、タッチワーク、カットプレーは皆無です。

やられていても北尾さん、助けてくれねーし(苦笑)。

でも冬木軍は早いタッチワーク、そして相手の攻めどころでは外道さんが受けて、決めるところでは邪道さん、外道さんがしっかりお膳立て。最後は冬木さんがしっかり相手を仕留めるというような感じです。もちろん、冬木さんが決めに入る時には邪道さん、外道さんが相手チームのパートナーをしっかり分断していました。とにかく役割分担が完璧でした。

そしてこの頃、初めて新日本プロレスの会場に足を踏み入れることがありました。福岡ドーム大会（95年5月3日）にて、アントニオ猪木&北尾光司対長州力&天龍源一郎というカードが組まれ、もちろんセコンドとして行きました。

今でも忘れられないのが、前日のレセプションで俺だけ「関係者以外は入れません」と入口で止められたことです（苦笑）。

本当に当時は、１７５㎝、85㎏くらいの体ではプロレスラーに見られませんでした。

のちに新日本さんからオファーをいただいた時にまず思い出したのは、この出来事でした。

「あの時、門前払いされたけど、選手としてオファーをもらったぞ」と。

そしてこの年の暮れにはＷＡＲ主催で開催された第2回ＳＵＰＥＲ Ｊ-ＣＵＰ※（95年12月13

エル・ヒガンテ　２３１㎝、１９７㎏の巨体を誇るプロレスラー。２０１０年9月没。
冬木軍　冬木弘道、邪道、外道で結成されたプロレス内ユニット。
第2回SUPER J-CUP　94年の第１回大会の成功を受けて開催。ＷＡＲが主催した。ライガー、エル・サムライ、大谷晋二郎、ウルティモ・ドラゴン、外道、ライオン・ハート、ワイルド・ペガサスら総勢14選手が出場。

日＝東京・両国国技館）出場のチャンスに恵まれました。

キャリア的には2年弱。それまでにこなしたのは30試合程度。

この時も出場までには紆余曲折ありまして…。

この大会のプロデューサーは何を隠そうウルティモ・ドラゴン校長※だったわけですが、最初は出る予定はありませんでした。

ですが、途中に退団した選手がおり、俺にお鉢が回ってきたわけです。そこで決まりかけた頃に別のとある選手が出場を志願してきたことで、またなくなりそうになりながらも最終的には出場が決まりました。

対戦相手は大谷晋二郎※。

間違いなく俺の出世試合でした。

俺が入場した時、お客さんの歓声はほとんどありませんでした。

一方、大谷選手には大歓声。

「まあ、そりゃそうだよな」と思っていましたし、「それを少しでも覆してやる」という気満々でした。

大谷選手はこの俺の気概に胸を突き出し、スカすことなく、対等な選手として迎え撃ってくれたのです。

当時の大谷選手は「ジュニアの名勝負製造機」と言われていた時代。俺はと言うとロープワークもしませんでしたから。正確に言うと習っていないため、できなかっただけですが（苦笑）。

そんなスタイルにも真っ向から付き合ってくれた。

その中で俺も少しでも「ジュニアの階級らしさ」を出すために開発した技があります。今でもフィニッシュとして使うことの多い三角蹴り※です。

当時、すでにスター選手だった大谷選手と、ほとんど無名だった望月成晃の、ある意味こうした「歩み寄り」が、お客さんの心にも響く試合になったのかなと思います。

俺は大谷選手を相手にたった4分強の試合で1回戦負けしたにもかかわらず「週刊ゴング賞」

ウルティモ・ドラゴン校長　メキシコでデビューし、日本ではルチャ・リブレを主体としたユニバーサルプロレスで活躍。1991年にマスクマンのウルティモ・ドラゴンに変身。WARでジュニアの中心選手となった。その後、プロレスラー養成学校・闘龍門を設立。校長と呼ばれるのはそのため。

大谷晋二郎　1992年6月に新日本プロレスでデビュー。2001年3月から橋本真也率いるZERO-ONE所属に。熱血ファイトが身上で、シングルリーグ戦「火祭り」の提唱や、田中将斗とのタッグ「炎武連夢」などで活躍。2022年4月の両国大会で試合中に頸髄を損傷。リハビリに励んでいる。

三角蹴り　コーナーを駆け上がり、振り向きざまに相手の顔面、または延髄などを狙って蹴る望月のオリジナル技。

をいただきました。

もし大谷さんに「こんなヤツ顔じゃねぇ」という気持ちがあったら、僕は賞などもらえなかったと思います。

また、「大谷晋二郎vs望月成晃」という1回戦のカードを組んだドラゴン校長のプロデュースも見事でした。

キャリアが一番乏しかった俺と、ああいう試合ができるのは大谷選手しかいなかったですから。

大会後、校長からの「まったく期待してなかったモッチーも頑張った」との言葉。

決して素直に褒めてくれないのは昔からです（笑）。

でも、その後の巡業で会った時には「正直言うと俺は反対だった。でも、モッチーを出してよかったよ」とも言ってくれました。

そしてこの時、明確な目標ができました。

「大谷晋二郎ともう一度闘える場所まで行く」

この時は強運発動とWARさんからのご褒美のようなもの。

また闘える場所＝新日本プロレスのジュニアリーグ戦「ベスト・オブ・ザ・スーパージュニア」に出場することを目標に定めました。

この頃はメジャー、インディーがハッキリと分かれていた時代。

WARは天龍さんが大メジャー選手でしたし、層も厚かった。

それに引き換え、俺はインディー＝マイナー以外の何者でもありません。

WARには北尾さんのパートナー的役割もあったので、出場させていただいていましたが、新日本にはそう簡単に出られません。

でも、この頃のインディージュニアヘビー級界隈は、実績を上げたらスーパージュニアにお声が掛かるという状況でした。

ウルティモ・ドラゴン、外道、ライオン・ハート、ランス・ストームといった一流選手に囲まれながら、日々鍛錬していきました。

そして、このSUPER J-CUPから1年後の1996年には「INOKI FESTIVAL」という大会がおこなわれ（1996年12月1日＝東京・国立代々木競技場・第2体育館）、そこで初代タイガーマスクさんとシングルで闘うというチャンスをいただきました。

佐山聡さんと闘うんですよ!?

中学生の頃、一番熱狂していた人と。

もう、この頃はいろんな意味で麻痺していました。

こんなすごいことに。

試合は、とにかく蹴っていこうとアップライトに構えました。すると、佐山さんも同じ構えを取ったのです。

「蹴ってこい」ということでしょう。

この時点で自分が持っているあらゆる蹴りの技術を使い、フェイントも入れながら、ロー、ミドル、ハイと蹴っていきました。

一発もクリーンヒットしませんでした。

ローキックですら。

すべてブロックか、さばかれました。

俺の蹴りを見切ったのか「そろそろいいだろう」という感じで多少は受けてくれたのですが、三角蹴りをかわされ、タイガー・スープレックス・ホールドを食らいました。

とてつもないハイブリッジで仕留められました。

タイガー・スープレックスの体勢に入ってから、フォールに行くまでの時間がとても長く感じられたくらいです。

「俺なんか、まだまだだな」

すごい光景をたくさん目にして、さまざまなすごいことに麻痺してきた俺の目を覚めさせていただいた一発でした。

翌97年2月には初めてベルトを巻くこともできました（IJタッグ※＝パートナーは超電戦士

バトレンジャー）。

少しずつ、少しずつ…あの場所（スーパージュニア）へ。

手応えを感じていました。

キャリアも4年くらいを迎えた頃、WARにいたジュニア選手に動きが見られました。

まずドラゴン校長が、アメリカWCW※を主戦場にしながら、闘龍門※設立に向かっていきました。

そのほかの上位ジュニア選手も拠点を移し、気がつくとWARにジュニア選手は俺と安良岡裕二選手（99年に引退）くらいになってしまいました。

若干、寂しさを感じていた頃、また一つ大きな出来事がありました。

「俺、引退するから」

IJタッグ　「IJ」とはインターナショナルジュニアの略称。1996年にWARが創設。2007年10月にDRAGONGATEのタッグベルトと統一されたが、2010年9月に天龍プロジェクトの管理となり、復活。

WCW　かつて存在していたアメリカのプロレス団体。WWEと視聴率戦争を繰り広げ、ハルク・ホーガンらが結成したnWoは一大ブームに。のちにWWEに買収された。

闘龍門　ウルティモ・ドラゴンが設立したプロレスラー養成学校。既存のプロレス団体のように身長や体重の制限はなく、個性豊かなキャラクターも誕生。現在のプロレス界の流れを大きく変えた。

北尾さんからの突然の言葉でした。

ちょうどこの頃、WARも興行数の規模縮小を発表し、「あれ？　俺、このまま試合がなくなるんじゃ…」と不安に駆られました。

引退理由に関しては特に説明もありませんでした。

北尾さんが1試合したとはいえ、なぜか東京ドームのPRIDEのリングで「武輝の刀」を俺が受け取るという儀式があったのですが、正直言って、俺的には場違いでしかなかったです（苦笑）。

北尾さんはPRIDEとUFCにも出陣しました。

ただ、思うような結果が出ずにプロレスラーとしての活躍の場も少なくなっていきました。

本人も性格的にプロレス界に向いていなかったのかもしれないですが、それでも天龍さんや冬木さんとの試合でプロレスラーとして価値を見いだしていた頃でした。

周りからの「元横綱が負けないでしょ」の言葉に煽られ、何試合か総合格闘技の試合に出ましたが、側から見ていたら「担がれていた」感が否めませんでした。

確かに今ほど総合格闘技の世界が洗練されておらず、「プロレスラーありき」の時代でした。が、あれは北尾道場ができた頃から付いていた側近のマネジャーが「イケる、イケる」と担いでしまったため、何でも受けてしまうという変なプライドの高さで断らずにやってしまった北尾さんもよくなかった。昔、持っていた相撲の技術だけで、総合格闘技で勝てると勘違いしていたマネジャーの判断も悪かったと思います。

だってこのマネジャー、最初に〝400戦無敗の男〟ヒクソン・グレイシー※の試合を見た時に「望月でも勝てる」なんて言っていましたから（苦笑）。

「この人、何も格闘技のことを知らないんだな」と思いました。

北尾さんとは引退されて以降、一度もお会いすることはありませんでした。

本人から直接、引退理由は聞かせてはもらえませんでしたが、なんとなく感じたのは、「もうプロレス界とは距離を置きたい」ということでした。

ご家族の反対もあったとチラッと聞きました。

俺から連絡は取らない方がいいなと思いましたね。

北尾さんからも連絡はなかったし。

訃報は2019年3月、NOAHさんに初参戦した後楽園大会の控室でスマホを見て知りました。

ヒクソン・グレイシー　ブラジル出身の柔術家であり、総合格闘家。日本では髙田延彦や船木誠勝とも対戦。「400戦無敗」と謳われていた。

第6回 士道館杯争奪ストロングオープントーナメント
全日本空手道選手権大会

格闘技塾・北尾道
PROFESSIONAL FIGHT

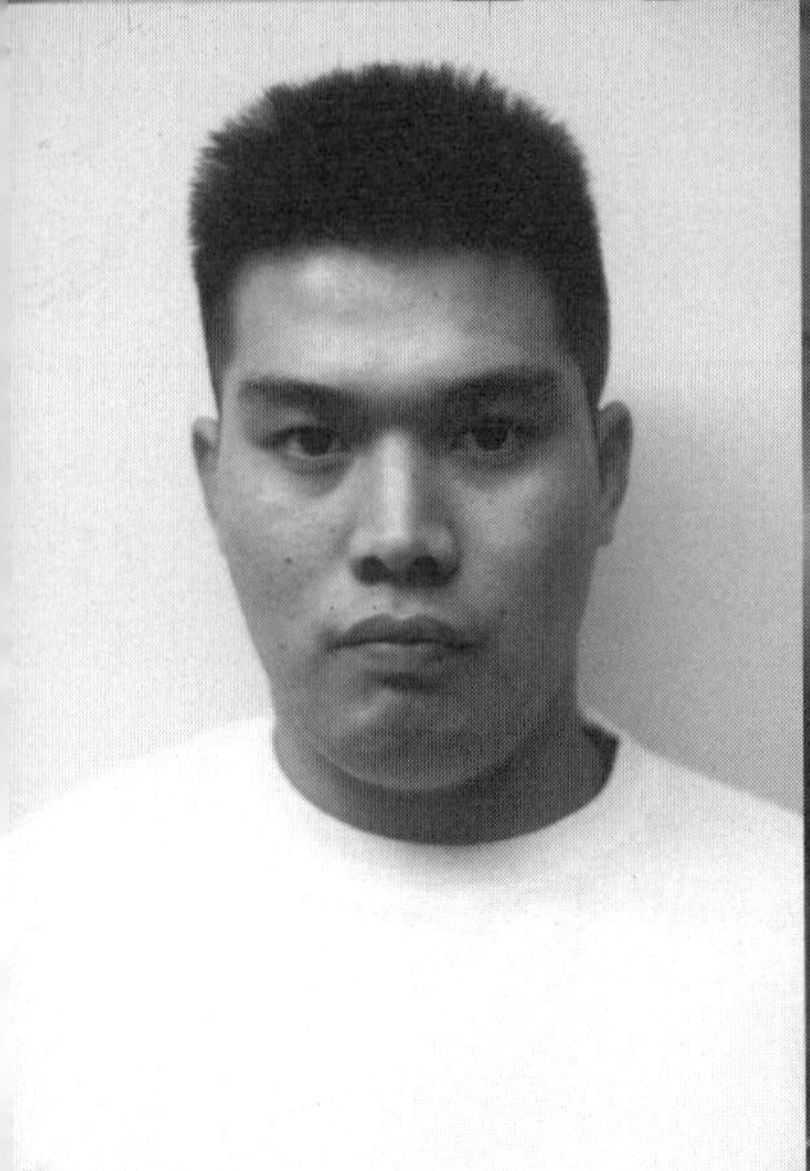

（上）23歳、空手を始めて5カ月の時に出場した士道館全日本大会　（下右）デビュー戦はタズと対戦。まだプロレスラーと呼べるには、ほど遠い時代だった　（下左）2年目の選手名鑑用の望月。初々しい写真だ

（上）北尾とは同じコーナーに立つこともしばしば。写真はWAR参戦時　（下右）1997年、北尾の付き添いでアメリカに渡った。プライベートではとても温和な人だった　（下左）PRIDEのリングにも上がったことのある望月。だが、これは北尾の引退セレモニーの場面。武輝道場の未来を担う若頭として登場。北尾から「武輝の魂」という日本刀を受け取った（98年10月11日、東京ドーム）

その少し前に、ある方から「北尾さんが亡くなったって情報が入ったけど、何か知ってる?」と電話はありましたが、「僕は何も聞いてません。元横綱の人が亡くなったのに情報が出てこないなんてありますかね?」と返答しました。

どうやらこの時の噂が本当だったようで、話が表に出なかったのは、晩年は寝たきりで、誰ともお付き合いがなく、奥様が四十九日まで情報を出さなかったからだったようでした。

控室を出ると、ある記者さんから「北尾さんが亡くなられたことについてお話を」と言われ、「わかりました」と伝えたら、NOAHさんの後楽園大会ということもあり、たくさんのマスコミの方々に囲まれました。

僕のコメントは東スポの裏一面に髙田延彦さんと並んで載っていました。

この日、NOAHさんに出場していなかったら「もしかしたら誰にも何も聞かれずだったのかな」と思うと、ある意味「何かしらの縁」を感じました。

後日、武輝時代の後輩から「北尾さんのお墓の場所を奥様から聞いたので一緒に行きましょう」と連絡があり、足を運んで、こう伝えました。

「いろいろありましたが、俺はまだプロレス界で頑張ってます。安らかに」

フリーとしてあこがれのベスト・オブ・ザ・スーパージュニア参戦

北尾さんが引退し、独り立ちを余儀なくされた1998年、武輝道場を名乗ってはいましたが、事実上フリーとなった俺に思わぬ転機が訪れました。

フリーになって声を掛けやすくなったのか、格闘探偵団バトラーツ※さんからオファーをいただきました。

当時のバトラーツは藤原組から独立し、若い選手だけでボッ！と火がついていた時期でした。

刺激がほしかった俺は即ＯＫ。

そこから、ほぼレギュラーで出させていただくようになりました。

最初、この話をいただいた時は「何とか食いっぱぐれないで済む」と思いましたね。

あと、ちょうどこの頃、バトラーツは団体として一番上昇している時でしたし、素直にオファー

格闘探偵団バトラーツ　藤原組から派生したプロレス団体。1995年12月、石川雄規を中心に設立され、翌96年4月に旗揚げされた。2011年11月に解散。

をもらって嬉しかったです。

基本的にこの団体は3カウントでの決着がなく、KOかギブアップで勝敗を決するというルールでした。

出場しているみなさんも俺と同年代で、決して有名選手がいたわけではなかったですが、勢いを感じていました。

俺自身、空手から入って、ロクに受け身やロープワークを訓練していない状態でデビューしたので、まだまだその辺りの技術は未熟でした。その分、自分の空手スタイルを全面に出せたので、とても闘いやすかったです。

バトラーツと、みちのくプロレスさんが業務提携のような形で選手を貸し借りしていたのですが、そのうちにみちのくさんから俺にも声が掛かるようになります。

この頃にはWARのリングで獣神サンダー・ライガーさんとも初対戦させていただきました。

当時は日本ジュニア界で間違いなくトップに君臨していたライガーさん。

「いつかはライガーさんと闘いたい」

これは「ジュニアヘビー級界でのし上がってやる」と心に思った時からの念願でした。

それをひょんなことからWARさんが実現してくれたのです。

確かこの時は天龍さんがケガで休まれていて、当時のWARジュニアのエース・安良岡裕二選手もケガで休んでいる状況。所属ではないながらも、レギュラー参戦し、安良岡選手のライバル的立場だった俺にお鉢が回ってきたわけです。

先にリングインしてライガーさんの入場を待つ。

誰でも一度は聞いたことがあるに違いない入場テーマ曲「怒りの獣神」が鳴った時の高揚感はなかったです。

試合自体は大谷さんと対戦した時と違い、闘いながら「コイツはどれくらいできるんだ？」と吟味されているような感じがありました。

それでも懐深く俺のこの時できる精いっぱいを受け止めてくれました。

「この人は心底から日本のジュニアヘビー級界を団体の大小問わず活性化させようとしてるんだな」

そう感じずにはいられませんでした。

試合後、「その気があるならうちのリングに来い！」とマイクで言ってもらいました。

この時、試合後にマスコミの方から聞いたのですが、ライガーさんは試合前に「望月に手応えを感じたらマイクを持つ。感じなかったら黙ってリングを降りる」と言っていたらしいです。

「よし！　ベスト・オブ・ザ・スーパージュニア出場にリーチだ」と素直に思いました。

そこから１９９８年には伝説のＳＡＳＵＫＥ組※に入り、みちのくプロレスにレギュラー参戦。さらに対新日本ジュニアのカードが組まれ、新日本プロレスに初参戦を果たします。

ＷＡＲも規模縮小ながら興行はおこなわれていました。闘龍門にも出場するようになっていましたが、これがまた見事に日程のかぶりがなく、気がつくとこの年はフリーながら７団体１６０試合以上をこなしていました。

この年は全日本プロレスにもレギュラー参戦していた新崎人生さんに次ぐ業界２位の試合数となりました。

そして迎えた１９９９年、「転んでもただで起きない式強運」が、ここでも発動されました。念願であったスーパージュニアに、ついにエントリーされたのです。

キャリア６年目でのことでした。

開幕戦はvs金本浩二（５・19埼玉・久喜市総合体育館）。

試合はテレビ朝日系列にて放送されました。

自分らしさは出せたと思いますが、内容はあまり覚えていません。

なぜなら、金本さんの張り手で記憶が飛んでしまったから…。

体は動いていたのですが…。

あと、緊張もありましたね。

初の地上波放送への登場でしたし。

試合後、テレビ朝日のプロデューサーさんかディレクターさんに「いい試合でした。ノーカットで放送しますよ」と言ってもらえました。

この8年後、DRAGONGATEの神戸ワールド記念ホール大会（2007年7月1日）で金本さんと試合をした時も、関西テレビのプロデューサーさんから「瞬間視聴率で一番よかった」と言ってもらえました。

どうやら金本さんとの試合は地上波との相性がよかったようです（笑）。

獣神サンダー・ライガーからの言葉

話をスーパージュニア開幕戦に戻しますと、俺は負けたとはいえ、自分らしさを出せたこと、念願のスーパージュニアに出られたことで試合後、諸々、感慨深くなっていました。

しかし、そんな自分の態度が間違っていたことに気付かされます。

俺の態度を見ていたライガーさんから一喝されたのです。

SASUKE組　〝東北の英雄〟ザ・グレート・サスケが「SASUKE」としてヒールに転向した際、自身が率いていたチームの名称。

「オマエ、新日本プロレスに何しに来た？　スーパージュニアで優勝しに来たんじゃないのか？開幕戦に負けて、悔しい以外の感情がなぜ湧くんだ!?」

「ハッ!?」と気付かされました。

結果的にこのあとの公式戦は高岩竜一さんとショッカー選手に勝ち、ライガーさんとグラン浜田さんに敗北。２勝３敗で全日程が終了しました。

成績に関しては、よかったのか悪かったのか、自分ではわかりません。

開幕戦でライガーさんに言われたことがすべてでした。

喝を入れられたことによって気持ちを入れ替えることができたとはいえ、「初出場の嬉しさ」と「絶対優勝する」という感情が、気持ち的にどちらが上だったか?と言えば前者だったと思います。

「諸々まだまだだな…」

学生時代から続く「一番になれない。一番に執着しない」性格がここでも出てしまったのかもしれません（苦笑）。

浮ついた気持ちになってしまったことにはいろいろ要因はありました。

初のメジャー団体・新日本プロレスの巡業への参加。

現在はどうだかわかりませんが、当時は「これがメジャー・新日本のゲスト選手への扱いか」

と思うくらい、今まで味わったことのないような一流のおもてなしでした。

わかりやすく言えば、飯から何から身銭を切ったこともなければ、移動は一番楽な方法でした。

タクシーに4人で乗って行ったら「2人ずつでいい」。

「領収書ある人？」と、巡業中に使ったお金はなんでもかんでも経費としていただける。

当時はメジャーとインディーがハッキリ分かれていた時代。

「普段からこうなら、そりゃオーラも出るわ」

そして、次に俺に襲いかかったのは、新日本プロレスのBOSJ出場という目標を達成したあとの虚無感…さらに気がつくと試合数が増えたのはいいものの、「俺は便利屋だったのか？」という新たな壁にぶつかりました。

そんな俺に闘龍門への継続参戦のオファーが…。

「どのユニットにも属していない」なんとなくの流れで闘龍門にレギュラー参戦していくことになります。

SUPER J-CUPに抜擢された望月は、対大谷用の秘策として三角蹴りを公開

新日本プロレス初参戦は99年2・14武道館。大谷らと10人タッグで激突

WARには武輝道場のメンバーとして出場。天龍源一郎にも臆すことなくアタック（97年4・6京都）

バトラーツに参戦し、ライバル関係にあった田中稔にローリング・ソバット（98年5・27後楽園）

第3章

闘龍門参戦～M2K結成

初めてのヒール転向

闘龍門への初参戦は99年2月3日。

あくまで最初はいくつか出場している団体の一つという感覚でした。

日本逆上陸となった後楽園ホール大会（99年1月31日）を見た時は「黒船来航」くらいの衝撃を受けました。

実は逆上陸最初の大会に俺は出ていません。

見にも行きましたし、2回目の神戸大会の出場は決まっていました。

この逆上陸最初の後楽園大会は、正直度肝を抜かれましたし、俺が出て何かをできる雰囲気はありませんでした。

〝他所でそこそこ活躍している選手〟は逆に必要なかったのではないかと。

普通だったら、そこそこ名のある使える選手には出てもらうと思いますが、この辺りがまたドラゴン校長のすごいところ。

それが〝純血〟にこだわったことです。

クレイジーMAX※とは、みちのくプロレスでも会っていましたし、日本ではすでに知られた存在でした。

ただ一番弟子と言っていいマグナムTOKYO※、ドラゴン・キッド※をこの日まで温存する。この校長の戦略がズバリ過ぎました。

ダンスを踊るマグナムにお客さんは大熱狂。

俺は「まだ試合もしてないのに、こんな空間が作れるのか…」と、今までの日本のプロレスは何だったのか？という衝撃を受けました。

それでもまだまだ日本のプロレスマスコミ界はあまり認める雰囲気はなかったように思います。

今や闘龍門〜DRAGONGATE出身者が日本プロレス界を席巻しています。

でも、DRAGONGATEを出てから評価される人がほとんどで、団体に対しての見方というのは今も昔も変わりません。

クレイジーMAX　闘龍門に存在したCIMA、SUWA、ドン・フジイにTARUを加えたユニット。ヒールながら爆発的な人気を誇った。

マグナムTOKYO　ウルティモ・ドラゴンに弟子入りし、〝ミスター・エゴイスト〟として、CIMAとともに2枚看板として闘龍門を支えた。

ドラゴン・キッド　プロレスラーになる夢を捨てきれず、単身でメキシコに渡り、闘龍門に入門。ウルティモ・ドラゴンの愛弟子であり、数々の空中殺法でファンを魅了。デビュー前、FMWではレフェリーの経験もある。

そんな状況はいつしか変えたいですね…。

と、話が逸れてしまいましたが（苦笑）、日本逆上陸（日本旗揚げ戦）の翌大会から、俺はこのとてつもない雰囲気の闘龍門に参戦することになります。

新日本プロレスのスーパージュニア直後からシリーズに出場したのですが、この時は一緒にフリー参戦していたサスケ・ザ・グレート※とのシングル、もしくは正規軍の助っ人という立ち位置でした。

誰を売りにするのか？は俺なりに理解していたので、現時点でメインストーリーに交わらないことはわかっていました。

でも、俺だって新日本のスーパージュニア帰り。

「マグナムＴＯＫＹＯだろうがＣＩＭＡだろうが当たった時は負けねーよ」とは思っていました。

その一方で…。

参戦すればするほど、自分が蚊帳の外にいる感が否めません。

ある時、サスケ・ザ・グレートとのシングルで、お客さんからの声援に手応えがない試合がありました。

そりゃそうだ。

みんなマグナム、ＣＩＭＡ※、ドラゴン・キッドを見に来ているのですから。

フリー同士のシングルマッチに大した期待感はありません。

もちろんそれを覆せなかった俺の技術不足もありますが、この時の闘龍門スタイルのジャパニーズ・ルチャというのも意識し過ぎたのかもしれません。

正直、ルチャの技術をまったく知らない俺が、ビッチリ現地で修行をしてきた彼らにルチャのスタイルで敵うはずもなく、俺が一番しょっぱく見えたのはあとになって理解はできました。

この試合後にはドラゴン校長から痛烈なダメ出しを受けました。

「モッチーさぁ、プロレスがしょっぱ過ぎるよ。新日本でそこそこ評価をもらったかもしれないけど、それは相手がよかったからだよ。勘違いしたらダメだよ」

その夜はホテルの部屋から一歩も出られないほどのショックを受けました。

「俺は闘龍門に必要ないんじゃないか？」

そう思いつつも、それ以降の参戦は決まっていたので、開き直ることにしました。

「ダメならダメで、最後に今まで通り、自分らしさを思い切り出していこう。それでもダメと言われたら、出るのをやめよう」

サスケ・ザ・グレート　折原昌夫扮するザ・グレート・サスケを模したマスクマン。

CIMA　闘龍門1期生としてデビュー。闘龍門、DRAGONGATEではエースとして活躍。現在はGLEAT所属。

ところが、しばらくして校長が控室でこう言い出します。

「モッチーさぁ、やっぱりプロレスは5年もやらないと一人前ではないね。オマエら（ほかの選手たち）もモッチーの試合がなぜ沸くか、よく見ろ」

「これ…よかったのか…?」と思いつつ、以降も参戦し、「よし！　ここで名を上げてやろう」と決意しました。

ここでプロレスとは結果だけの世界ではないことに気付きました。

90年代中頃くらいまでのプロレス界は、どちらかというと結果がすべて的な風潮でした。ある意味、そういう風潮を変化させたのが闘龍門の登場からだったような気がします。

確かにマグナムやCIMA、ドラゴン・キッドのパフォーマンスを見た時、勝利だけでは築けない「華」の部分というか、それなら逆に俺が目指すのは「彼らのスタイルで彼らの上をいこう」ではなく、生き方、スタイルの対極にいって、自分らしいスタイルで彼らに対抗していこうと心に誓ったのです。

今まで培ってきた自分のプロレスと、彼らが作り上げた新しいプロレスをぶつけ合おうと。

根本には、そんなイデオロギー闘争がありました。

「団体のエース」や、そういう立ち位置をあきらめた瞬間でもありました。

ちなみにドラゴン校長からは今でも「モッチーは相変わらずプロレスしょっぱいなぁ」とは言

われます（笑）。

もちろん、それは俺なりの解釈はしています。

リングのある状況での練習生修行時代が皆無のままキャリアを積んでしまったので、細かい基本に粗があるのはわかっています。

校長の言う「プロレスがしょっぱい」は、あくまでその部分だけを指していて、決してけなしているわけでもなく、「それでも闘う姿勢、パフォーマーとしては素晴らしい」と俺の前で誰かに説明しているのを聞いた時に「この人は俺を評価してくれている」と心底、嬉しかったです。

その後、M2Kのリーダーというポジションを得ました。

本格的に団体内の反体制…わかりやすく言えばヒールです。

キャリアで初めてヒールを経験しました。

最初は本当に試行錯誤でした。

M2Kができる少し前に正規軍ともクレイジーMAXとも違う立ち位置で、望月享（現・望月ススム）と神田裕之（現・神田ヤスシ）が2人きりで決起し、始動していました。

闘龍門での試合スタイルも確立できてきた頃に何となくですが「2人じゃ大変そうだなぁ。俺と組んだら何かできそうだなぁ」とは思っていたのです。

俺、意外と「こうなるんじゃないか？」「こうなったらおもしろそうだな」が実現するタイプ（笑）。

ある時の大会で神田とシングルマッチが組まれ、何となく確かめ合うような試合となり、その試合は時間切れ引き分けに終わりました。そこで、ひらめきました。

「あぁ、これは組むタイミングだなぁ」

まだ神田もススムもシリーズのたびにメキシコから来日していた頃。

ドラゴン校長は、こういう時の仕掛けやプロデュースに余念がありません。

「オマエ、組むなら、まずメキシコに来て試合しろ」

ワタクシ、初めてメキシコに、しかも一人で行きました（爆）。

一人での海外も初めてでしたし、話せるレベルではないにせよ、英語ならまだ何とかなりそうですけど、まったくチンプンカンプンなスペイン語圏のメキシコですよ⁉

一番不安だったのは入国カードを書く時。

とりあえずローマ字を何となく当てはめたら通じていたのでよかったですが、宿泊先を聞いていませんでした。

客室乗務員の方に聞くと「書かないと入国できませんよ」と言われ、さらに不安に。

宿泊はおそらくメキシコ寮だと思い「ULTIMO DRAGON GYM※」と書いて出しました。

そうしたら何となく大丈夫でした。

飛行機から降りたあとも「もし迎えがいなかったら連絡しようがない」という不安。税関で何か言われた時はどうしたらいいのか。

不安は尽きません。

諸々をクリアし、出迎えてくれた神田とススムの顔が見えた時の安堵感と言ったらなかったですね。

まさに「地獄に仏」でした。

メキシコに着いて、まずしたことと言えば…さまざまなメキシコっぽい風景をバックに写真をたくさん撮りました。

そして、いよいよ俺自身のメキシコデビュー戦。

相手はまったく知らない人たち。

校長からは「オマエらはまず日本人ってだけでヒールだから、好きに暴れてこい」と言われました。

俺は「よし！　まずは俺の蹴りでビックリさせてやろう」とバシバシ蹴りました。

ULTIMO DRAGON GYM　メキシコ・ナウカルパンに構えていた闘龍門のジム。デビュー前の選手たちはみんなここで汗を流し、衣食住をともにした。

いいキック音も出ていたと思います。

しかし…。

お客さんはウンともスンとも言いませんでした。

試合中、神田とススムに「なんで？」って聞いたくらいです。

ススムは「そんなもんです」と言っていました（苦笑）。

シチュエーションやいろいろなことを加味したら、お客さんはこの日本人ルードに「技」など求めていなかったのです。

神田とススムはやはりメキシコデビューで数年闘っているからわかっていますが、俺は正真正銘デビュー戦な感覚を味わいました。

試合後、校長に「全然お客さんを沸かせられなかったです。すみません」と言ったら「あー気にしなくていいよ。メキシコで試合したっていう絵が撮れたらそれでいい」って（笑）。

この辺りの割り切りも校長のすごいところです。

もらったギャラは日本円で１５００円くらいでした。

それでも、まあまあの量の屋台のタコスを買えたので、寮にいる若手に分けて終わりました。

翌日、メキシコでコスチュームを作ると安いと聞いていたので、頼みました。

そのコスチューム屋さんは前日、闘った相手でした（笑）。

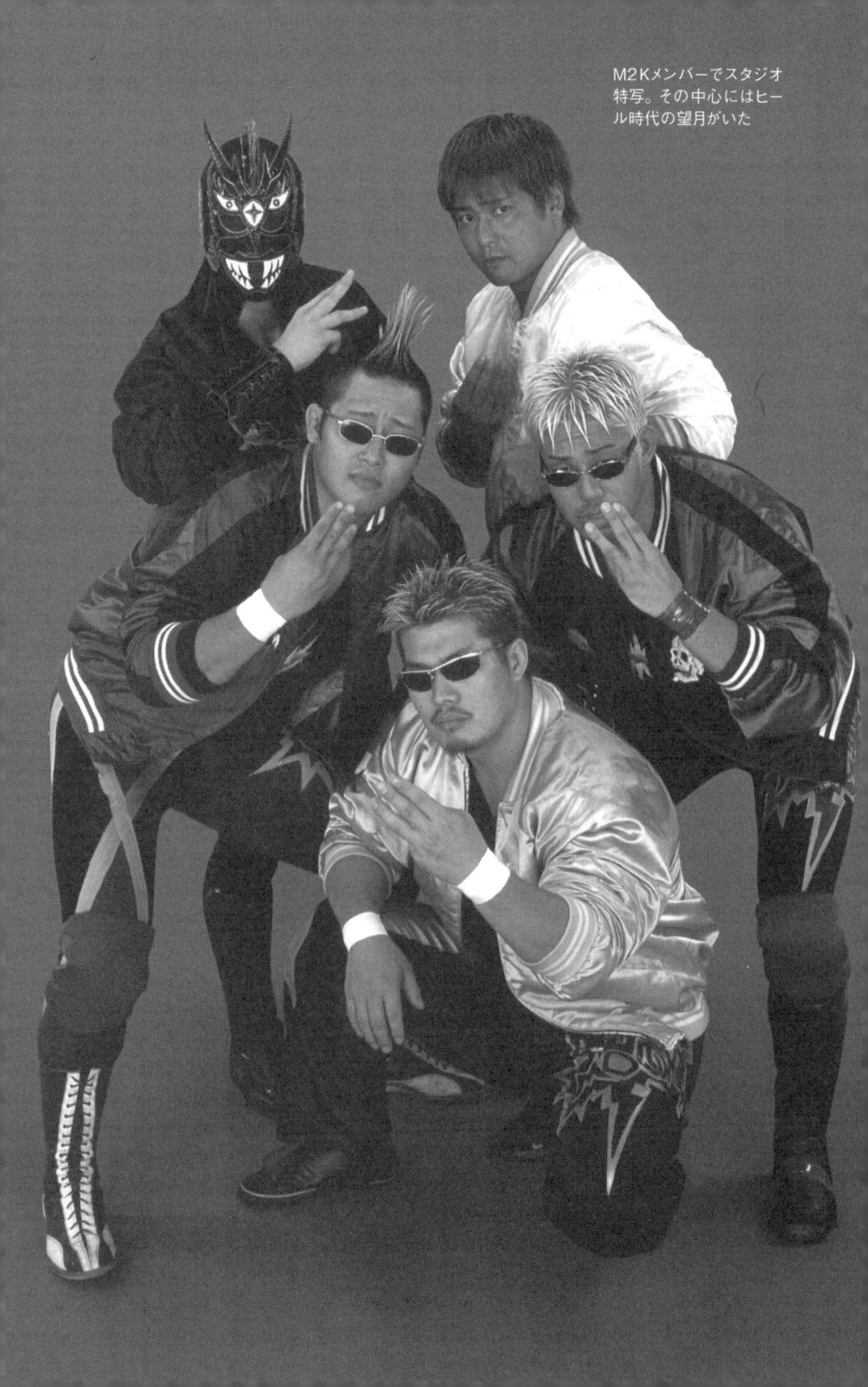

M2Kメンバーでスタジオ特写。その中心にはヒール時代の望月がいた

しかも前日にもらったギャラ分ほどでパンタロンを作ってくれると。もらったギャラは決して安くなかったようでした。

メキシコ以外の海外話、あのレジェンドレスラーと遭遇！

メキシコの話が出たので、それ以外の海外についてもふれておきましょう。

その後は、なかなか行く機会もなかったですが、メキシコ以外の国にもたびたび行くようになったのは、2004年以降のことです。

アメリカはもちろん、オーストラリア、ドイツ、イギリス、中国…食はどこが一番美味しかったと思いますか？

中国は北京に行きましたが、正直、日本人に本場の北京料理は口に合わないのではないかと思いました。

ではどこかと言うと、ダントツでドイツでしたね。

まずソーセージ、ハムが本場じゃないですか。ビールもそうですよね。

ビールとソーセージの組み合わせは最高でした。

あとラーメンも特に有名店のドイツ支店などではありませんでしたが、日本と変わらぬクオリティでした。

ドイツではまだ若手と言っていい存在だった、今をときめくザック・セイバーJr※とタイトルマッチをしたのもいい思い出。

イギリスは…もうマクドナルド頼りでした（苦笑）。ただPACが連れて行ってくれたカレー屋さんは美味しかったです。

アメリカではこんなこともありました。

会場近くのスーパーで買い物をしていたらゴツい男性から「ユー、ジャパニーズレスラー?」と話しかけられたのです。

振り返って驚きました。

「ワタシはアニマル・ウォリアーです」

「知ってるよ!」

心の中で思いました（笑）。

ザック・セイバーJr　イギリス出身、2023年現在、新日本プロレス所属。IWGPタッグ王座3回獲得（パートナーはいずれもタイチ）、NEW JAPAN CUP優勝（2018年、2022年）などの経歴を誇る。複雑なサブミッション（関節技）を得意とする。

あれは感動しました。

写真を撮るのを忘れたのを後悔しています。

また、ある時には試合を終えた俺に「グッドマッチ」とわざわざ言いに来てくれたゴツいご老人がいました。

オーラはありましたが、一見して誰だかわかりませんでした。

とりあえず「サンキュー、サー」と返し、近くにいる人に誰なのか聞いてみると、そのご老人は何と〝人間発電所〟ブルーノ・サンマルチノさんだったのです。

あれはビックリしたなぁ。

久しく日本から出ていないので、海外に行きたいなと思う今日このごろです。

初めての団体トップの栄冠を勝ち取るも、最後は坊主という年末

そんな貴重な体験を経て日本へ帰国。

マグナム率いる正規軍とCIMA率いるクレイジーMAXとの三軍抗争の開戦です。

M2Kができるまでの闘龍門はベビーフェースがマグナム率いる正規軍、ヒールがCIMA率

いるクレイジーMAXという図式でした。

人気はクレイジーMAXがダントツでした。

ベビーとヒールの図式が成り立たないほどに。

校長はそこにM2Kをぶつけたわけです。

「覚悟を決めてやらないとな」

これまでは基本的にフリーの身でたくさんの団体に出させていただいていました。要は自分の試合だけを頑張ればよかったのです。

ただ、マグナムTOKYO、CIMAという、過去のプロレス界にはいなかった強烈な個性と対峙しなければならない。

そして俺がこの2人に対抗できる手段がヒールという道だったのです。自分の素の感情、自分があこがれてやりたかったものをすべて捨てなければなりませんでした。

俺が一番あこがれていたプロレスラー像はUWFインター時代の高田延彦さんでしたから(笑)。

そういう意味で、覚悟はかなり必要でした。

それも、やっていくうちに「俺が常にリング上の主導権を握っている」という立場が楽しくて仕方なかったですね。

この時、本当に闘龍門ファンからは俺の方がドン引きするくらいの嫌われようでした。プロレスを今まで見たことのない女性ファンがかなりいましたから。

ここで初めて団体のトップ戦線にいるというのを意識してプロレスを考えるようになりました。

まあ悪ぶることは決して素ではありませんでしたが、「俺だって、オマエらが経験してないことを、オマエらより3年先にやってきたんだ」という自信と「逆立ちしてもマグナムとCIMAにはなれない」という悔しさ、ジェラシーをストレートにぶつけていきました。

それが最大限に披露できたのが、闘龍門のシングルナンバーワン決定戦・第1回「エル・ヌメロ・ウノ」でした。

ジュニアヘビー級のベルトを取ったことはあっても、「団体の一番」という成績を挙げられたのは、この時が初めてでした。

「俺のやってきたことは間違っていなかった」と思えましたが、華や容姿ではマグナム、CIMAに敵わないのはわかっていました。

この団体で生き残っていく以上、そこを評価する若い女性ファンがたくさんいる以上、避けては通れない道。

ただ、根本はプロレスであり闘い。こういう結果を残せたこと、俺がこの団体を選んだという道は間違っていなかったと思えました。

エル・ヌメロ・ウノ優勝決定戦でマグナムにツイスターを見舞う。優勝を果たした

仮にヒールの道へは行かず「俺もマグナム、ＣＩＭＡのようなカッコいいプロレスラーでいたい！」と思いながら闘龍門で試合をしていたら、確実に埋もれた存在になっていただろうと思います。

ただの優勝ではなく、一番インパクトを残せたのは準決勝。当時ダントツ一番人気者だったＣＩＭＡ戦で、日本のプロレス界でも滅多に見られないであろうハイキック↓10カウントＫＯという結果です。

まだこの頃の闘龍門は「ジャパニーズ・ルチャ」、もしくは「インターナショナルスタイル」的なイメージが強い中での結末でした。

さらに優勝した俺は、この2年前にスーパージュニアに出場し、2勝3敗という結果で終わったことを引き合いに出し「闘龍門はプロレス界で一番弱い」とマイク。マグナム、ＣＩＭＡを悔しがらせることに成功したわけです。

手応え十分のマイクアピールを終えたあとの、帰りの花道では、ちょっとした事件も起こりました。

突然、顔面に何かをかけられたと思ったら、並々とコップに入った生ビールだったのです。

どうやらその女性は、半分酔っ払っていたようで、うまく聞き取れませんでしたが、何かを俺にまくし立てているようでした。

俺もカチンときたので、胸ぐらをつかんでやろうかとも思いましたが「以前はファンだったのに」と言われたのと、胸の谷間が露わになっているような服で、つかむところがなかったので、踏みとどまれました（苦笑）。そして、我に返って冷静になり、逆に「いやぁ、これだけ観客を怒らせたか」と誇らしく思いました。

リング上では「さすがに言い過ぎたかな…」と思いながらバックステージにいたら、俺の控室の数メートルくらい手前から拍手をしながら、こちらに向かって来る人影がありました。

「グッドフィニッシュ！」

校長でした。

お客さんにはバッドエンドを見せたのですが、控室ではこの言葉。

当時、校長はヒジのケガで長期欠場をしていて、完全にプロデューサーに専念していました。だから誰かに思い入れすることなく、客観的に見られたのでしょう。

この日からドンドン自信をつけていきました。

「間違ってなかった」

そう思えました。

今とは時代も違いますが、この２００１年の三軍抗争は一年間を16人くらいの選手で回っていました。

ビッグマッチのたびにマグナムかＣＩＭＡとシングルマッチをおこない、あとはドン・フジイと斎藤了の自転車兄弟※があったり、ストーカー市川が大物Ｘとやったり※、ドラゴン・キッドの今までにない神技の数々※があっただけでした。

２０２０年にも三軍（ＤＲＡＧＯＮＧＡＴＥ世代、闘龍門世代、Ｒ・Ｅ・Ｄ）抗争はありましたが、この時と違ったのは何か？

ヒールであるにもかかわらず、人気のあるクレイジーＭＡＸというのはありましたが、「善」対「悪」対「悪」だったのです。

20年は「善」対「善」対「悪」。

「善」対「悪」は成り立ちますし、「悪」対「悪」はなおさらおもしろい。

でも「善」対「善」はやはり成り立たないのではないかと思います。

余談ですが、ＳＮＳなどで揉めるのはだいたいが「正義感」対「正義感」。

闘っても答えは出ないのです。

そして２００１年ラストにＣＩＭＡとカベジェラ戦（カベジェラ・コントラ・カベジェラ＝敗者髪切りマッチ／01年12月10日＝東京・駒沢オリンピック公園総合運動場屋内球技場）へ。

敗れて丸坊主になりました。

不思議と潔く受け入れられました。

俺は成り立ちからして、闘龍門のエースになることはありません。

そういう諸々を考えると「最高の敗戦」となったのではないかと思います。

エースになり得ない男なら、俺の最高の仕事は最高の敗戦なのだと思うようになりました。

もちろんこの「最高の敗戦」を迎えるまでに、いかにして「勝利を重ねていくか？」も大事ですし、それをいかに継続できるか、ですが。

ここから俺はようやくプロレスラーとして自信を持てるようになりました。

30歳台半ばで無理して悪ぶる…結果、追い出される

そこからは団体自体が勢いづいてきたのは手にとるようにわかりましたし、どんどん素晴らし

自転車兄弟　ドン・フジイが斎藤了の乗っていた自転車を盗んだことに端を発して抗争に発展。激闘を経て和解し、共闘。2人で自転車に乗って入場していた。
ストーカー市川が大物Xとやったり　〝世界最弱〟の異名を取るストーカー市川（現・このまま市川）が、プロレス界の大物とシングルマッチで闘う定番シリーズ。長州力や武藤敬司らとも対戦した。
神技の数々　前転しながらのウラカン・ラナや場外へのムーンサルト・アタックなど、小柄な体格ながら華やかな動きでファンを魅了した。

CIMAとカベジェラ・コントラ・
カベジェラで対戦

試合に敗れた望月は潔く丸
坊主となった

い選手が育っていきました。

次に思ったことは何か…。

俺は30歳を過ぎた頃。

でも30歳は決してこの団体では若くないなと思うようになりました。

「いつか俺の居場所はあっという間になくなる」

いろいろもがいていた武輝時代、フリー時代を経て、ようやくM２Kでプロレス界での居場所をつかんだ感はありましたが、M２K以降はずっとこの思いと闘っていました。

さまざまなユニットに所属したり、しなかったり…。

そんな頃に「やっぱり俺は闘龍門でやるにはヒールしかねえな」と思い、２００４年1月、当時リーダーを持たずに好き勝手暴れ、一番若かった世代の近藤修司、大鷲透、菅原拓也らを誘って「悪冠一色」（アーガンイーソー）を結成しました。

しかし、この時、俺は致命的なミスをしていました。

それは大した主義主張もなく「ヒールを極める」と言ってヒールをやったこと。

近藤らは、これからのし上がろうとしている若者。

俺は昔取った杵柄を狙ったもの。

エル・ヌメロ・ウノのくだりでも書きましたが、俺がこの団体でのし上がる…もしくはトップでいるためには、やはりヒールという道しかないと思いました。

でも、ヒールからベビーフェースへのチェンジもかなりのインパクトを残せたのと、闘龍門に参戦した当初の俺はヒールである明確な理由がありましたが、この時はなかったのです。悪冠一色からの追放は必然的な出来事だったと思います。

噛み合うわけもなく、お客さんからも「無理して悪ぶってる」と見えたのでしょう。

見事、近藤にユニットから追い出されました（苦笑）。

そこに颯爽と助けにきてくれたのが望月享改め、俺と日本プロレス界史上初（?）の名字を懸けた「モチヅキ・コントラ・モチヅキ」（敗者が「望月」を名乗れなくなるルール＝02年2月24日、東京・後楽園ホール）に敗れた横須賀享でした。

このあと、ファイナルM2Kを結成しました。

初代M2Kが終わったあとの正規軍と悪冠一色の間に新M2Kというのもありましたが、まあ特に大した活躍はありませんでした（苦笑）。

3度目のM2Kです。

「ファイナル」と付けたのは、これがさすがに最後という気持ちからでした。

同じ名字を懸けた闘い…
印象に残っている試合形式の数々

闘龍門、DRAGONGATEといえば、今まで日本になかった試合形式、ルールをたくさん生み出してきました。

その中で一番印象に残っているのは「モチヅキ・コントラ・モチヅキ」です。

最初のM2Kが解散し、俺と望月享が揉めたことで後楽園のメインでシングルマッチが組まれました。

決まったのは当日のMCでのことでした。

「オマエらがただ闘っても面白くも何ともない」

ドラゴン校長はこういう時、だいたい一度、落とします（苦笑）。

そこで名字を懸けろということになったのです。

恐らくこのシングルマッチを組んだ時から頭に描いていたのでしょう。

それなのに当日のMCまで言わない。

こういうところでマイク力、発想力を鍛えられました。

それからは坊主同士による敗者髪伸ばしマッチ等、さまざまな形式がありました。

とにかくこの当時の選手は校長の発想力にいかに応えていくか？

ここにこの時代でトップを張っていた人の強さがあると思います。

DRAGONGATE誕生

ファイナルM2Kだった2004年7月、ウルティモ・ドラゴン校長から卒業し、闘龍門はDRAGONGATEに団体名が変わりました。

それまで全体のプロデュースは校長に任せっきりでしたが、変わらずにメキシコと日本を行き来している状態。意思疎通も難しくなっていった部分もあったように思います。

ただ、これは当時の実質トップであった人たち（今はいないが…）が決めたことに我々がついていった結果というだけ。

これに関しては、俺には事後報告でした。

当時はマグナムTOKYO、CIMA、俺の3人がトップでやってはいましたが、俺以外の2人には「ドラゴン校長に頼らずにやっていく」という思いが強かったように感じます。

では、なぜ俺には事後報告だったのか？

（右）2002年からはヒールではなく「いい人」に転身。スーツを着て道ばたで掃除までする変わりようだ
（左）闘龍門メンバーで表紙を飾ったことも。望月も主力メンバーであることの何よりの証明だった。のちに悲願の単独表紙も2度獲得

それは簡単な話。俺には校長と直接的な師弟関係はなく、俺はあとからの入団組ですから。「校長からの卒業」には、俺はそう決めたことを受け入れる以外はなかったとしか言えません。

ＤＲＡＧＯＮＧＡＴＥに変わる前までにあったＵＤＧという闘龍門最強者が巻くシングルのベルトは、そのままオープン・ザ・ドリームゲートになり、その時のＵＤＧ王者だったＣＩＭＡが、そのまま初代王者に認定されました。

この頃、ユニットは５つありました。

我々ファイナルＭ２Ｋは悪冠一色と抗争しながら、キャリア10年を迎えた俺は、初めて団体最高峰のベルトに挑戦することになります（２００４年12月16日＝東京・国立代々木競技場・第２体育館）。

闘龍門時代の俺のクライマックスはＣＩＭＡとの髪切り戦ではありましたが、俺が負けたことによってハッピーエンドが生まれました。

しかし、この04年、ＤＲＡＧＯＮＧＡＴＥ誕生の年の集大成に闘龍門時代からの団体の象徴ＣＩＭＡに挑むというシチュエーションになったわけです。

俺はこう思いました。

「どちらが勝てば団体として、この年のハッピーエンドになるのだろう？」

ただ、俺はこの年、10周年でヒール宣言→悪冠一色結成→追放→ファイナルＭ２Ｋ結成と紆余

闘龍門からDRAGONGATEに社名変更となった2004年、その年の暮れにCIMAを破ってドリームゲート王座を初戴冠

曲折あり、ＣＩＭＡが相手とはいえ、何となくファンから応援されている空気を感じながら、この一戦を迎えました。

結果、勝利することができて、会場もハッピーエンドにできました。

当時のＣＩＭＡは人気、実力ともに抜けた存在でした。

ＣＩＭＡに勝ってファンからビールをかけられ、負けた時は坊主になって大ハッピーエンドになった存在の俺が、ＣＩＭＡから勝ったことでお客さんが祝福してくれたのが一番嬉しかった。この時ですら、すでにオッサン扱いされていたので「まだまだやれる」と示せたのも嬉しかったものです。

翌２００５年は正真正銘、団体のトップとして過ごせた自負はあります。

第4章
たびたび訪れるユニット無所属

他団体からオファー殺到

最初のドリームゲート王座戴冠で防衛戦を重ねながら、2005年11月までベルトを保持しました。

34歳11カ月での戴冠はDRAGONGATE内では「オジサンの快挙」的な扱いにもなりました。

DRAGONGATE最年長となっていましたから。

他団体…もしくは今考えたら34歳なんてこれからですが、この時はそう思われていましたね。若くしてトップ戦線にいた人の中には「30も半ばになったら、そんな躍起になってやりたくない」と揶揄する人もいましたよ。

そんなふうに言っていた人も、40歳を過ぎても躍起になって今もプロレスしていますけどね（苦笑）。

「ユニットに入っていない」ことも多くなりました。

俺は元々生え抜きではありませんし、年齢もいっています。「役目」を終えたら「出番」というのは常に少なくなりました。

こうして新陳代謝を図っていたのだと思います。

自分の中でも「いい歳だから一歩引かないと」という思いと「でも、まだイケるんじゃね？」の繰り返し。

でも、一歩引いている時に必ず訪れる現象がありました。

なぜか他団体からオファーをいただくのです。

DRAGONGATEは、ほぼ鎖国状態でしたから、昔、多団体男だった俺も何か新鮮な気持ちで参戦しました。

最初は2007年頃、鷹木信悟、B×Bハルク、戸澤陽、YAMATOの世代がトップを脅かすようになった頃ですかね。

当時、新日本プロレスさんにジュニアの悪（？）ユニット「CTU」があり、その興行（06年7月30日＝東京・後楽園ホール）にバトラーツに出ていた頃の盟友、田中稔選手のパートナーとして、久々に新日本プロレスに参戦しました。

そこからDRAGONGATE対新日本ジュニアの構図ができ上がり、対抗戦をやりました。

近年のNOAHさんとの闘いもそうですが、大概、鉄砲玉役できっかけを作るのが俺だったりします。

プロデュース大会〝武勇伝〟とは？

それと前後して、この時に団体としても他団体を経験させようと「武勇伝」（DRAGONGATE対他団体をテーマにした別ブランド興行）の第1回大会が開催され（2007年1月25日、東京・後楽園ホール）、俺はプロデュースを任されました。

この武勇伝は07年、ずっとほぼ鎖国状態だった闘龍門、DRAGONGATEの歴史の中で、ちょうど俺が新日本さんのCTU興行に呼ばれた辺りから、何となく「そろそろ他団体とも」という空気ができてきたのかはわかりませんが、元々、闘龍門所属になる前は「多団体男」と言われていた俺の他団体への人脈を活かせるのではないかと、プロデュースを任されたわけです。

この頃、本興行はあくまで基本純血。他団体とやるなら武勇伝という感じでした。たまに俺の自主興行と勘違いする人もいて、お客さんが満員になると「望月さん、新しい商売始めたんですね」とか「儲かりましたね」とか言われましたけど（苦笑）、プロデュースしただけで、あくまでDRAGONGATEの興行です（笑）。

それをきっかけに今度はZERO1さん（当時はZERO・1 MAX）※からオファーをいただくようになり、ジュニアのトーナメント「天下一ジュニア」、無差別級のリーグ戦「火祭り」、タッグリーグ「風林火山」と出させていただきました。

この時の天下一ジュニア決勝（07年9月30日＝東京・後楽園ホール）では、今では盟友ともいえる田中将斗さん※と初対決。

予想以上の試合内容となりました。

今でも本当にそうですが、常にアグレッシブでこの時も初対決と思えないくらいスイングした試合でした。

「この人は俺がやりたいプロレスがやれる人だ」

ピンときました。

プロレスラーの間で打撃技が強烈な人を「カタい」と表現する場合がありますが、俺が思うにこういう「カタい」人は、逆にだいたい頭が「柔らかい」のです。

俺と変わらぬ体格で藤田和之さんなどとも対等にやってしまう。

しかも見劣りしないのが凄いところ。

ZERO1　故・橋本真也が2001年3月に旗揚げしたプロレス団体。大谷晋二郎、田中将斗らが所属。いくつかの団体名変更を経て、プロレスリングZERO1として活動。
田中将斗　1993年7月にFMWでデビュー。2002年3月からゼロワンに入団。それからも団体の中心選手として存在感を際立たせる一方、他団体にも数多く出撃。50歳を超えてもトップ戦線で大暴れしている。

2007年1・25後楽園では他団体選手を集めて特別大会「武勇伝」を開催。望月は大会実行委員長となった

「武勇伝」は望月の15周年記念大会としてもおこなわれた（08年12・27後楽園）

同世代として意識せずにはいられない田中将斗との初対戦は2007年9月30日。ゼロワンの後楽園ホール大会だった

俺にとって田中将斗さんは目指すべき人の一人です。

強がりを言わせてもらえば、田中さんの方が3歳若い！

いや、無駄ないいわけでした。すみません（苦笑）。

さらには大谷晋二郎さんと、95年のSUPER J-CUP以来となるシングルマッチを闘いました（08年7月31日＝大阪府立体育会館第2競技場）。

あの時「大谷晋二郎と再び闘える場所にのし上がる」と誓い、99年のスーパージュニアではブロック違いで実現しませんでしたが（苦笑）、ついには13年ぶりに実現できたのが熱かったです。

そしてZERO1さんへの参戦が一段落した頃に最初の世代闘争が始まりました。

若手の台頭…脅威に感じた鷹木信悟という存在

俺的には他団体帰りで「まだやれる」自信を胸に挑みました。

ただ、40歳が見えてきた38～39歳の頃、「そろそろ体力的に通用しなくなってくるんじゃないか？」と思うようになりました。俺にそう思わせたその存在はズバリ言うと鷹木信悟※でした。

俺が長く闘龍門、DRAGONGATEにいた中で、CIMAを超える…まあ超えるという考え方はさまざまあるので一概には言えませんが、それまでの選手はＣＩＭＡを目指す人が多かったように思うのです。

ただ、同じ団体にいる中で「その人」を目指した時点で間違いなく「その人」は抜けない…が俺の持論であります。

数年前に何人かの選手が引退した時に「技を受け継ぐ」というのがありましたが、正直「あんなこと何でするの？」と思いましたね。

そんなことしたらオリジナルを抜くのは無理だって。

受け継いでほしい人のエゴとしか思えない。

「そんなの勝手に使わせたれよ」とも思いました。

そういう意味ではイデオロギーも含め、ＣＩＭＡに思想から何から否定されながらも、自力でトップに上り詰めた人間は鷹木とＹＡＭＡＴＯ※だけだったと思います。

鷹木信悟　２００４年10月にデビューしたＤＲＡＧＯＮＧＡＴＥ第１号レスラー。デビュー間もない頃から才能を開花させ、団体のトップ戦線で活躍。２０１８年10月、新日本プロレスに闘いの場を移し、内藤哲也率いるロス・インゴベルナブレス・デ・ハポンに加入。２０２１年６月、ＩＷＧＰ世界ヘビー級王座を初戴冠。

さらに言えば鷹木とＹＡＭＡＴＯがまた違う思想なのも面白いんですけどね。新人には先輩が教えるトレーニングメニューがありましたが、鷹木はそのメニューが終わったあとも同期を集めて、何やら先頭に立って別メニューをやっていました。

アニマル浜口さんのジムでの経験があったから独自にやっていたのでしょう。

ただ、その輪にハルクはいなかったんじゃないかな。

当時から相譲れない関係だったのでしょう。

デビューしてからもオーラが違いましたね。

デビュー3戦目かな。

確か対戦相手の堀口元気がバックスライド・フロム・ヘブン（逆さ押さえ込み）で勝ったら観客が大爆発したのです。

デビュー3戦目の新人が負けて沸くなんて、どんなだよ!?と思いましたね。

そうそう、俺が最初にドリームゲートを巻いた時に鷹木がデビュー11カ月で挑戦してきたことがありました。

鷹木がヒールユニットにいたせいもあったかもしれませんが、チャンピオンの俺が会場のお客さんから応援されましたから（苦笑）。

ということは下手したら俺より鷹木の方が強く見えたということでしょ？

何か勝っても悔しかったです（苦笑）。

ＹＡＭＡＴＯに関して言えば、それまで築き上げてきたＤＲＡＧＯＮＧＡＴＥスタイルをある意味、すべて逆行し、のし上がった稀な存在だと思います。

鷹木、Ｂ×Ｂハルク※、戸澤※と揃った同期の次の期に入ってきて、デビュー前から活躍が約束されたような鷹木、ハルクに常に反骨心を持っていたようにも思います。

デビューした時もそれほど目立つ感じではなかったにもかかわらず、そもそもの地力はあったからか、気が付けばデビュー最速でドリームゲートを戴冠していましたから。

すべては人間的地力かなと、ＹＡＭＡＴＯの強いところは。鷹木と思想が違うとは言いましたが、デビュー時の印象だけでそう思ったのかもしれません。

実は似ているのかもね。

ＹＡＭＡＴＯ　ＤＲＡＧＯＮＧＡＴＥの看板選手。２００６年７月デビュー。確かなレスリング技術と醸し出される妖艶な雰囲気で人気が爆発。団体最高峰のドリームゲート王座は５度戴冠。

Ｂ×Ｂハルク　デビュー前は陸上自衛隊に在籍。２００５年３月にＤＲＡＧＯＮＧＡＴＥでデビュー。甘いマスクと入場時のダンスで女性ファンを魅了した。同期にあたる鷹木とは永遠のライバル関係。

戸澤陽　２００５年４月にデビュー。鷹木信悟、Ｂ×Ｂハルクらと同期にあたる。２０１６年11月にＤＲＡＧＯＮＧＡＴＥを卒業。その後、アメリカの最大手プロレス団体、ＷＷＥ所属となった。

プロレスラーとは面白いもので、似ている感性を持っていると、同調する場合もある一方で反発し合う場合もある。そういう意味で根っこの部分は似ているのかもしれないです。

俺自身はというと、ＹＡＭＡＴＯもＣＩＭＡもマグナムともプロレスラーとして目指す位置というのは、それぞれ違うので、あまり「コイツらに抜かれたとか、負けたくない」とは意識したことはありません。

あくまでこの３人とは、目指すプロレスラー像が違うので。

リング上では負けたくないと思っても、プロレス業界全体から見てＹＡＭＡＴＯやＣＩＭＡより名を上げられなくても、俺自身はそれほど気になりませんでした。

ただ、鷹木自身はどう思っているかわかりませんが、俺は鷹木のプロレスラーとしての思想は俺の目指す理想に一番近いと感じました。

ついにはＩＷＧＰ世界ヘビー級チャンピオンにまでなったからなぁ。

俺の中では「プロレスラーとしての理想像でコイツに敵わない」と思うのは、ここまでのＤＲＡＧＯＮＧＡＴＥ所属選手の中では鷹木信悟だけです。

当時からその資質は感じていました。

「コイツに一番負けたくない」と感じるようになったのは40歳を手前にした頃でした。

あともう一つ、この頃になぜか週プロ（週刊プロレス）を見たら、ＣＩＭＡのコメントとして、

「今日のような試合は望月、フジイにはできない」とか言われてね。

「カッチーン！」ときましたよ。

これで、また燃えました。

「それならオマエにできないプロレスを俺はやってやる」ってね。

40代目前で悲鳴を上げる体、大事なケア

ただ、ちょうどこの頃、体のいたる部分が悲鳴を上げていました（苦笑）。

まずは体をケアするためにバイタルリアクトという整体方法に出会います。

今までいい加減だった体のケアでしたが、バイタルリアクトに行くようになってからウソのようによくなっていきました。

バイタルリアクトとは最新と言っていい治療法で、基本的には治すというより、脳や神経を刺激して自然治癒力を高める治療法です。

その次に見直したのが体重です。

やはり年を取れば代謝も悪くなってきますし。そういうわけで減量しました。

そして普段のトレーニング方法も。

蹴りのスピードが落ちていると感じたので、近所にあった極真空手の道場に通うようになりました。

この道場には俺の息子、望月ジュニアが先に入門していたのですが、それはまた後述します。

まあここからまた体が絶好調になっていきましてね。ぶっちゃけ言うと30代は今まで培ってきたキャリアで何とか立ち回れて、体のケアやトレーニング方法などを気にしていなかったのです。

それを40歳手前にあらためて見直したものだから、また40歳を過ぎて調子がよくなってきたのです。

もしかしたら、それを見越してCIMAは叱咤激励してくれていたのかも…と思えば「それはそれでいいか」みたいなね。

そんな中、世代闘争が一旦落ち着いたDRAGONGATEのリング上に新たな流れができてきました。

闘龍門時代からもなかった初の二軍抗争。

ジャンクションスリー対ブラッドウォリアーズの始まりでした。

第5章
東日本大震災

両国でのビッグマッチ中止と2度目のドリームゲート戦

二軍抗争が始まる前に、両国国技館大会のメインイベントでオープン・ザ・ドリームゲートに挑戦するというチャンスを得ました。

両国国技館といえば、地元から一番近いし、こけら落としの全日本プロレスも見に行った会場。デビュー3戦目でWARさんの大会にも出場できましたし、「いつかは両国のメインで」というのは目標でした。

この時、41歳。

スタミナ、スピードを上げるために大減量し、2度の挑戦者決定戦を勝ち抜き、当日まであと9日という時でした…。

2011年3月11日、東日本大震災発生。

両国国技館大会中止。

この時は落ち込みましたね。

そんな思いも周りに言えない状況で、ぶつけどころもありませんでした。

たくさんの知り合いに売っていたチケットの代金を返金しに行く切なさと言ったらなかったな。

「やれたんじゃないの？」

「いや、いろいろ事情が重なって…」と説明を繰り返す。

「一番やりたかったのは俺なんだよ！」とは微塵も言いませんでした。

当時、俺は自分の中で当日、80kg以下まで絞ってリングに立つと決めていました。

この時のチャンピオンは〝スピードスター〟吉野正人※。

少しでもそちらの領域に踏み込むという、有利だか不利だかわかりませんが、40歳を過ぎての挑戦に周りを納得させる何かを示したくて、大減量という道を選択したのです。

2カ月ほど前から目標体重を見据えて減量していたので、それが3週間伸びることになり、気力、体力ともにつらかったです。

ようやく挑戦できたのは約1カ月後の4月14日、後楽園ホール大会。

結果、2度目の戴冠。

もちろん嬉しさはありましたが、無事にドリームゲート戦を迎えたことで、リングに上がった

吉野正人　スピードスターのニックネーム通り、ロープワークの速さやスピード感あふれる攻撃が売りの選手。DRAGONGATEを離れていたウルティモを呼び戻し、自身は首のケガにより2021年8月に引退。

さまざまな困難を乗り越えて再びドリームゲートのベルトを巻いた望月は男泣き

時点で泣いていました（苦笑）。

プロレス大賞・敢闘賞の受賞にボロ泣き

その後、先にブラッドウォリアーズという反体制軍ができていたこともあり、残った人で「善」のユニット、ジャンクションスリーを立ち上げ、「善」対「悪」の二軍抗争に突入しました。

ここからは基本的にブラッド勢を相手に防衛戦を重ね、この年の総決算、敵軍の大将CIMAとのドリームゲート戦を、年内最終戦の福岡国際センター大会でおこないました。

CIMAとは2001年のカベジェラ戦、2004年のドリームゲート戦を闘い、彼とこういう形で団体最高峰を懸け、その年の最終戦のビッグマッチで闘うのは最後だろうと思っていました。

10年闘争の決着戦。

1回目は「悪＝俺」対「善＝CIMA」という図式でしたが、立場を変えての決着戦でした。

結果、敗北。

またも途方に暮れました（苦笑）。

しかし、この年にはプロレス大賞・敢闘賞をいただきました。

この報を聞いた時は自然とボロ泣きしました。

プロレスラーになった時の生涯かけての目標は「プロレス大賞受賞」「週プロ単独表紙」「自伝本を出す」の3つでしたから。

この3つだけは頑張りだけではどうにもならないじゃないですか。

他人が選ぶことでもあり、タイミングも運も必要。

まずこの一つを、40歳を過ぎてクリアできました。

震えるほどに涙を流しましたね。

ただ、振り返ると、この年のチャンピオン時代は自分的には楽しめてはいませんでした。

言い方を変えると楽しむ余裕がなかったというか…。

この二軍抗争は、先に悪のブラッドができていたわけですが、どちらかと言うと、CIMAがイエスマンを集めた印象で、うまくまとまっていました。

こちらのジャンクションは残った人で結成しただけありましたし、戦力的には上回っていたと思いますが、まとまりきれていませんでした。

まあ鷹木、YAMATOという我の強い2人を抱えていたというのもありましたし（苦笑）。

まとめきれなかった俺の力不足もありましたが、「善」対「悪」で「善」が負けて終わるという、稀に見る結果でこの抗争は終止符が打たれました。

2011年度には念願だったプロレス大賞・敢闘賞を獲得。授賞式でトロフィーを授与された

第6章
鷹木信悟戦と妻のガン

B×Bハルクの本当の強さ

2つのユニット、ジャンクションスリー対ブラッドウォリアーズの二軍抗争が終わり、俺はというと案の定、同じユニットにいた鷹木、YAMATOと揉めて（苦笑）、チャンピオンになったCIMAも若い奴らから追い出されたことで、その後、ベテラン軍というチームが結成されました。

ベテラン軍と言ってもユニットではなく、半分無所属みたいな感じでしたが、とにかくキャリアを積んだ選手たちが集まったのですから、気取ったチーム名をつけても仕方がありません。若い世代の選手たちが多く活躍するDRAGONGATEマットだからこそ、「ベテラン軍」というチーム名はピタッとハマったような気がします。

その中でもドン・フジイ※との「モチフジコンビ」でDRAGONGATEのタッグ王座であるオープン・ザ・ツインゲート王座を奪取するなど、そこそこ頑張りましたかね（笑）。

メイン戦線を見渡してみると、この頃、B×Bハルクがドリームゲート王座を初奪取しました。

その後、なぜだか「B×Bマサアキ」となってハルクと一緒に踊ったことから、ドラゴン・キッドも加えて「ディアハーツ」というユニットを結成します。ご存じの方も多いかもしれませんが、ダンスには自信がなく、必死に練習したのも、いまではいい思い出です。

みなさんが思い描く「B×Bハルク」はどんなイメージでしょうか？　ハルクは、俺には他の選手とは考え方も歩んできた生き方も違うように見えます。

というか、真のハルクを理解できる人はもしかしたらいないのではないか？と思うくらい底知れぬ人物です。

自衛隊のエリート、レンジャー部隊にいて、俺らには想像がつかないような訓練をしてきたらしいですから。

書くには少し抵抗があるほど体力以上に精神が鍛えられる世界。

おそらく忍耐力では誰も敵わないと思います。

だからか、ハルクから現状の不満や、体がキツい等の言葉を一度も聞いたことがありません。

それもあって人知れず体にガタが来てしまい、思うようなファイトができないのかなとも思いますが、それでも進化を求める姿勢は若い選手たちにも見習ってほしいですね。ハルクの真の強さは、まさにここの部分なのではないでしょうか。

ドン・フジイ　闘龍門1期生で50歳を過ぎてもなお、第一線で活躍するベテラン。若手選手の壁となり、〝鬼軍曹〟とも呼ばれる。

俺ら以外にも数名が加わり、ハルクが初のユニットリーダーとして、俺もディアハーツを支えました。

しかし、ハルク自身がケガで長期欠場となり、ドリームゲート王座は鷹木へと移動。鷹木は、いつしか「ユニット抗争からのベテラン不要論」を掲げました。

その流れで、この年の11月1日、大阪府立体育会館で俺が挑戦したわけですが、この時の鷹木とのドリームゲート戦は、俺のキャリアの中でベストバウトと言えた一戦でした。

それくらい感情的にも、内容的にも、リング上の背景的にも、さらにはプライベート的にも大きな出来事がこの時ありまして…。

「ベテラン不要論」は、俺はこの10年くらい前から同じようなことを言われていましたし、何ならこれよりさらに10年くらい前から団体最年長でオッサン扱いされていたので何てことはありません。

何なら「ドリームゲート挑戦のチャンスが生まれるかも?」とワクワクしていました。

ベテラン挑戦の第1弾は2015年10月4日、福岡・博多スターレーン。ドン・フジイが挑戦し、大熱戦の末に敗れてしまいました。

「フジイの次なら俺だろうな」

そう考えていました。

B× Bハルクと一緒にダンスを踊ったこともある。明らかにぎこちなかった

ハルクを中心にディアハーツなるユニットを結成。望月は若いメンバーのサポートに徹した

スケジュール的にはビッグマッチの大阪だなと。

フジイが敗れた時に挑戦表明はしませんでしたが、救出して既成事実は作ったので、あとは決定させるために何かしなければという状況でした。

しかしこの時、まさかの事態が起こります。

2015年11月1日

妻からの電話はいつも試合後やオフの日でも、話すのは基本的に夜なのです。

それ以外の時間に電話が鳴ると、いつも「何かあったのでは?」と不安になります。

後述しますが、こういうタイミングで「ジュニアが交通事故にあった」ということもありましたから。

恐る恐る電話を取りました。

「私、ガンになっちゃったみたい…」

うろたえましたよ、マジでこの時は。

こういう時、男は何もできません。

しかも、プロレスラーは稼ぐために長く自宅を空けなければいけない職業。

ただ、この時点では「ガンが見つかった」というだけで、どれくらい重いのかも、まだ精密検査をしなければ判明しない状況でした。

こればかりはわからない…。

ドリームゲート挑戦はやめるか…。

この時、大阪大会まではあと3週間と迫っていました。

その2週間前、兵庫・神戸サンボーホール大会がありました。

遅くともこの時には決定しないとダメだろうと思っていました。

その数日前に妻の精密検査の結果が出て、医師からはこう告げられました。

「末期とかでもなく、緊急を要するほどではない。ただ手術と抗ガン剤治療はお勧めします」

「ホッと…」という心境にまではなれませんでしたが、妻からも「ひとまずは心配しないで」との声をもらい、ドリームゲート挑戦には向かっていけるようにはなりました。

そして、挑戦を表明しました。

しかし…。

正直、言ってお客さんからの「望月なら鷹木を止めてくれるだろう」という雰囲気は、ほぼなかったです。

それは俺自身も感じました。

プロレスファンというのは先を読みたがります。

いや、それを否定はしません、俺もファン時代はそうでしたし。

フジイ→望月と挑戦する…ＣＩＭＡが残っているだろうという空気はビシビシ感じていました。

ましてやタイトルマッチ決定が２週間前でしたから。

まあ結果的に実際は燃えに燃えたけど。

どちらかと言うと、こういう状況は嫌いではありません。

「絶対、望月が取ってくれるだろう」

「絶対、いい試合になるだろう」

プレッシャーというか、変にハードルが高くない方がいいですし、期待されなかったものを大きく覆すのは大好物でもあったりします（笑）。

勝手に自分で哀愁感に酔いながら練習していました。

「そう思わせてしまうのも自分の責任。絶対、試合ですべてを覆してやる」と強い思いを胸に秘めて、鷹木の前に立ちました…。

試合内容はどうだったか？　俺自身は自分で評価はしません。

できるとするなら、その日の会場の歓声で感じるしかありません。

結果は負けてしまったけども、「どうせ鷹木が防衛だろ」という空気の通りの結果だったにもかかわらず、「見たか、このヤロー!」と胸を張って言えるくらい会場が沸いてくれました。

この時の試合後、俺は2回泣きました。

リング上で、マイクで喋っている時に負けた悔しさと、期待されていなかった見方を覆せたという感触があって、嬉し涙も混じっていました。

もらい泣きしてくれる、お客さんもいました。

気を取り直してマイクで締めて、花道を歩いている時に妻のガンも含めてさまざまなことを思い出して、立ち止まってまた泣きました。

この素晴らしい空間が終わってしまう淋しさもあったのかもしれません。

結果的に再び俺は「まだやれる」という自信を持ってリングを降りられました。

この試合はレスリング・オブザーバー（全世界のプロレスを対象としたファン投票をおこなう海外の雑誌）のベストバウト部門で6位になりました。

このランキングには過去にDRAGONGATEの試合も入ったことはありますが、シングルマッチで入ったことはなかったのではないでしょうか。

ただ、昔から本当に負けた試合の方が評価されるんですよね、俺って（苦笑）。

これがエースになれない部分かなとは思います。

嫌いじゃないですけどね、こういう立ち位置は。

敗れたものの本人の中でも最
も印象の強い闘いが、鷹木と
のドリームゲート戦

時々、思いますよ。ずっとエース扱いの人とか、こういう感動ってあるのかな?って。

もしかしたら、表に出さなかったり、華の部分の裏にはプレッシャーや「落とせない自分」への苦悩しかなかったりするのではないかと思って…。

だからか、俺ってあまり試合を迎えるにあたって変なプレッシャーを感じたことはないです。

それがいい形で試合に表れているのかもしれません。

鷹木が新日本さんに移ってからかな。会った時には何度かこの試合の話をします。

俺が「あの試合はオマエに殺されるかと思ったぞ」と言ったら、鷹木が「はい、殺す気でいきましたよ。僕も殺されると思ったんで」と。少し誇張はあったにせよ、それくらいの殺伐感と決闘感は出たのかなと思う。そんな試合でした。

ちなみにおかげさまで、妻の手術は成功。数カ月の治療もうまくいき、この原稿を書いている時点であれから8年ほどが経ちますが、再発することもなく、今も俺を尻に敷いて(笑)、元気に暮らしております。

実は多趣味

話はガラッと変わりますが、ここらで一旦、趣味のことでも書きましょうかね。

コロナ禍前はスロットが好きで、勝っても負けても、負け続きでもよく行っていました。意外とプロレス界でスロット好きは多かったような気もします。

やめようと何度、思ってもやめられませんでした。それがギャンブルの怖さでもあるわけですが…（苦笑）。

トイプードルを飼うようになった。最初は反対だったが、今ではメロメロ

特に巡業に出ると時間が余っていたりするのです。

でもコロナ禍になってから、ピタリとやめました。暇な時に行っていたのに、暇があり過ぎたら逆にやめられたのです。

不思議なものです。

あとは巡業中に全国どこでも24時間、開いている「エニタイム」というジムに行くようになり、ジムで時間を過ごせるので暇を持て余さなくなりました。「エニタイム」だけでなく、24時間のジムは本当に増えましたよね？　ひと昔前なら考えられませんでした。

じゃあ今、趣味と言えるものは何か？

料理…とも言えなくもないですが、確かに好きですし、以前はいろいろ料理系（食べる系）の取材もよく受けましたが、料理は生活の一部過ぎて、趣味とは言えません。

では、何か？

ズバリ、犬ですね。

ジュニアが高校を卒業し、神戸の道場に行くことになって妻も淋しさがあったのか、急に「飼いたい」と言い出しました。

嫌いではなかったですが、俺も妻も今まで飼ったことがありません。

ひとつの命を預かる責任も重いと思っていましたし。

なので、俺は反対でしたが、妻が「私が責任を持って見る。かかるお金くらい自分で稼ぐ」とまで言うのでOKしました。

すると…。

俺の方がメロメロでした（笑）。

俺が家にいる時はカミさんから奪うくらいに。

今は本当に癒されています。

暇な時間もコイツを眺めているだけで十分なくらい。

今や我が家の平和の象徴です。

好きな会場、都市

ＤＲＡＧＯＮＧＡＴＥと言えば、興行数の多さも業界内では有名です。

俺も昔、多団体男としてあちこち出させていただいていた頃は3、4団体にレギュラーで出たこともありましたが、それでも年間150試合ほどでした。

まさか一つの団体で年間200試合するようになるとは思いませんでした。これは、ほかの既存のプロレス団体の興行数を考えても驚異的な数。それを毎年、おこなえるのは本当にありがたいことです。

今、報道されるのは主要都市、もしくは首都圏での試合がほとんど。かつて団体数が少ない頃は、すべての巡業にマスコミのみなさんが帯同されていた、と聞いたこともあります。こうして選手とマスコミの信頼関係なども生まれていったのでしょう。

時代の流れもあるかもしれませんが、他の主要団体が行かない都市に行って試合するのも我々の誇りです。

シリーズというのは後楽園から始まり、一カ月単位くらいで地方を回ってラストが大会場というのがプロレス団体の定番だったと思います。

いつしか地方のプロモーターさんも少なくなってきたのか、巡業で長い期間、転戦するという団体も少なくなってきたように思います。

加えてコロナ禍もあり、主要都市を短期で回るスタイルが主流になったのではないかと。

一方で、我々DRAGONGATEは本拠地が神戸という地の利を生かし、日帰りでも西日本方面、もしくは東京を起点に東北、北海道と二通りの攻め方ができるのが大きいと思います。

俺が意外と好きなのは日本海側の都市ですかね。

やはり食べ物が美味しい。

しかもお客さんのノリもいいです。期待を感じずにはいられません。

コロナの間はなかなかそういうわけにはいきませんでしたが、試合後の打ち上げを盛大にやっていた時は楽しかったですね。これも巡業の醍醐味です。ただ、試合して帰宅するだけって、なんだか淋しくありませんか？　こうして全国を回らせていただいて、全国の方々の生の声を聞くというのもプロレスラーにとっては大事なことだと思っています。

今後も各地域のご協力してくださる皆様と一緒に、興行を作り上げる素晴らしさを大事に、どんな小さな街にもガンガン行きたいですね。ＤＲＡＧＯＮＧＡＴＥはもちろん47都道府県をすべて制覇していますが、その中でもまだプロレスがおこなわれていないような村や町にも行ってみたいです。

プロレスは、もちろんビッグマッチの華やかさも重要。その方が話題性もありますし、マスコミの方々も多く来るでしょう。いまではＰＰＶやインターネット配信で、自宅にいながらの観戦も可能です。でも、プロレスの生の迫力だったり楽しさだったりを体感してもらいたいですし、実はこういう地方都市での大会をコツコツと積み重ねた上で、ビッグマッチに繋げることが一番大事なのではないかと思います。

第7章
新たな試合スタイルの確立

47歳で3度目のドリームゲート戴冠

2017年はYAMATOが盤石のドリームゲート王者として君臨していました。

前年7月の神戸ワールド記念ホールでは過去最強クラスと言っていい鷹木信悟を破り、ドリームゲートを1年以上、保持していたことになります。

この頃の現世代と言われていた人たち（戸澤、土井成樹※、吉野、サイバー・コングら※）を相手にさまざまな形で防衛し、一回りしていました。

俺は自分なりに、この年齢で易々と名乗りを上げても周りが納得しないだろうというのはわかっているので、こういう形で「目ぼしい挑戦者が一回り」した時期を狙っていました。

幸いにも挑戦表明はファンの皆さんからも受け入れられたようでした。

そこにビッグR清水（現・BIGBOSS清水）※が横ヤリを入れてきたことで、挑戦者決定戦をおこないました（17年9月5日、東京・後楽園ホール）。

挑戦者決定戦を経てのタイトル奪取は過去2回もそうでしたし、勝ち上がっての挑戦の方が周りの目も変わるでしょうから打ってつけ。

この挑戦者決定戦辺りから、自分の中でひらめいたというか、自身の体力なども考えて、試合の中で闘い方を変えていきました。わかりやすく説明すると、フィニッシュ技を対戦相手、試合状況によって変えていくようにしたのです。

俺の最大の決め技は「顔面への三角蹴り」ではありますが、それ一本狙いというのも単調になるとも感じていました。

もちろん「俺は必ずこの技で決める」というスタイルの人もいるでしょう。それはその人の考え方なのでいいと思います。

ただし、長年やっていく中で、しかも団体最高峰の闘いで「今まで通りの闘い」では、さまざまな意味で通用しなくなっていく不安に駆られていました。

「得意技にこだわる」よりも「勝ちにこだわる」姿勢をどん欲に見せていこうと考えるようになったのです。

土井成樹　2000年5月にT2Pでデビューし、DRAGONGATEではトップ選手として常に闘いの最前線にいた。2022年9月に専属フリー契約を結び、全日本プロレスをはじめ、活動の幅を広げている。

サイバー・コング　DRAGONGATE所属のプロレスラー。マスクマンのサイバー・コングとしてファイトしていたが、2017年5月の試合で敗れてマスクと決別。以後、本名の吉田隆司としてファイトしている。

BIGBOSS清水　数々のリングネーム変更を経て、現在のものに落ち着く。BIGBOSSは日本ハムファイターズ、新庄剛志監督にヒントを得て名乗るようになった。

ただ、俺がこだわっていたのは「勝つ」だけでなく「その技で仕留める説得力のある組み立て」を意識するようになったことです。

ここから本当、理詰めで試合を組み立てていくことが楽しくなりましたし、決して派手ではない技で勝負を決しても、会場が盛り上がったという試合の方が「ヨッシャ！」と思うようになりました。

特に相手の必殺技を「出させない」のではなく「それをどう切り返して直接、勝ちにつなげられるか」を意識しました。

必殺技でフィニッシュにきた選手というのは勝ち気にはやっているので一番、油断がありますからね。

話を挑戦者決定戦に戻すと、この時は清水の必殺技である砲丸投げスラム※を、飛び付き式腕ひしぎ十字固めに切り返して勝ちました。

タイトル戦のＹＡＭＡＴＯには、ＹＡＭＡＴＯの新たな必殺技・ラグナロク※を裏ツイスター※

砲丸投げスラム　陸上競技出身であるＢＩＧ ＢＯＳＳ清水の必殺技のひとつ。相手の首をつかみ、砲丸投げの要領で抱え上げ、マットに叩きつける大技。
ラグナロク　ＹＡＭＡＴＯの普段使っている必殺技・ギャラリアをさらに進化させた危険技。ギャラリアが開脚して脳天から叩きつけるのに対し、ラグナロクは左サイドから落とす。

2017年9・18大田区では3
度目となるドリームゲート王座
戴冠を果たした

に切り返したのが勝敗を分けました。

結果、17年9月18日、東京・大田区総合体育館で3度目のドリームゲート戴冠を果たしました。

念願だった週刊誌の単独表紙を獲得

その後の防衛戦でもＫｚｙのスカイデ・スクールボーイ※を切り返して丸め込み勝ち。

Ｂｅｎ‐Ｋにはジャーマンをチキンウイング・アームロックに切り返してギブアップ勝ち。

この頃のチャンピオンの時は、若い人を相手にしていたこともありますが、試合展開がズバズバとハマり、前回の悲壮感が漂いながら闘っていた二軍抗争の時よりも本当に楽しかったです。

どこのユニットにも入っていなかったという身軽さもあったかもしれません。

しかも、このチャンピオン時は、俺の念願であった「週プロ単独表紙」を2度、達成することもできました。

とても充実した期間でした。

ここからは今まで「押し」一辺倒だったスタイルから「押してから引く」スタイルも身につけた気がします。

ただ、俺の信条としては「強い押し」があるから「引き」が効くのであって「引く」だけのテクニシャンになったら俺ではなくなるとは思っています。
このスタイルはのちにＮＯＡＨさんのヘビー級戦線参戦時に大いに役立ちました。

裏ツイスター　望月の得意技であるツイスターは、いわゆる旋回式ブレーンバスター。対する裏ツイスターはリバース・ブレーンバスターの要領で抱え上げ、旋回しながら落としていく。ＹＡＭＡＴＯのギャラリアに対抗して生まれた技。
スカイデ・スクールボーイ　Ｋｚｙがメキシコ時代に伝授された丸め込み技。

第8章
コロナ禍の中で

全日本プロレス参戦であの男と再会

3度目のドリームゲート王者としての防衛ロードは5度の防衛戦後に手放すことになりました。

2018年前半の防衛ロードはKzy、Ben-K※、ビッグR清水と、のちにドリームゲート戦線を賑わせる彼らの「初挑戦を受ける」という大事な役割を果たせたと思います。

ただ、ユニットは無所属のままだったので、ベルトを落としたあとは、また前座を賑わす位置になりました。

そんな頃、久々に「DRAGONGATE内でベルトもなくユニットに入っていないと他団体からオファー」が発動されました。

まず、全日本プロレスさんから「ジュニアタッグリーグに望月成晃と誰か」という条件でオファーをいただきます。

この時は全日本さん側からも、DRAGONGATE側からも「モチフジ（望月&ドン・フジイ）で」的な流れになりつつありました。タッグ歴があり、他団体の選手ともそれなりに興味深いカードはいくつも生まれたでしょう。お互いに気心も知れていますし、モチフジとして結果も残してきました。

ただ、俺からの「モチフジで行ったら優勝しても大した自慢にならない。若い選手と出場したい」と提案し、どちら側も承諾してくれました。

選んだパートナーはシュン・スカイウォーカー※。

キャリアを積んでドリームゲート王座も獲得するなど、団体の中心選手にまで成長しましたが、その時は、まだまだ何の結果も残していない頃。それでも、耳に入ってくるそのほかの出場メンバーを聞いても「飛べるヤツ」もいませんでした。シュンは高身長で体格もいい選手で、その手足の長さを活かし、ムーンサルト・プレスを始めとした空中殺法を得意としていました。インパクト、優勝、両方を狙うために2018年8月、シュンと参戦することを決意。正式に決定に至りました。

ちなみにこの時、全日本さんからは「近藤修司も出るけど、いいですか?」というのも伝えられました。

Ben-K　2016年デビュー。DRAGONGATEの令和新世代の一人。自慢の肉体から放たれるパワフルな技の数々は必見。2019年7月、史上最短キャリア（当時）でドリームゲート王座を獲得。

シュン・スカイウォーカー　2016年4月にデビューし、約半年後にマスクマンに変身。メキシコ遠征を経ての帰国後にはドリームゲート王座を戴冠。令和新世代の一人。

近藤とは、世に言う「悪冠一色・解雇事件」※以来、絡んではいなかったので、全日本さん側も気にしてくれたのでしょう。

俺は「近藤がOKなら、こちらもOKだ」と、だけ答えました。

ここで「悪冠一色・解雇事件」についてもふれておきましょうか。

もう時効だと思いますし、大鷲透らも公表している話なのでいいと思うのですが、実際は自主退団ありきの話だったのですね。

まあその時は彼らも若かったですし、団体も若かったと思います。

双方、意地になったこともあるでしょうし、実際、会社としても素直に退団を受け入れられる理由がなかったのだと思います。

結果、落としどころとして話し合いの末に「解雇」という発表になったのだと思いますね。

ただ、やはり団体側のイメージはあまりよくありませんでした。

この時、学習したのは「どんな理由があるにせよ、ファンは選手の味方をする」ということです。

まあこの辺りの話は、また後述します。

2011年に一度だけ、GAORA主催の大会（1月24日＝東京・JBCホール）でDRAGONGATE対全日本プロレスさんがありました。近藤もDRAGONGATE勢と久々の試合となりましたが、この時はまだまだ心の通じない冷たい試合をしていたように見えました。

実を言うと、その少し前…俺の15周年記念試合（２００８年12月27日、武勇伝・後楽園ホール大会）で近藤とシングルマッチができないか単独で動いたことがありました。

この時は近藤もまだわだかまりがあったようでしたし、会社からも反対されました。

そんな経緯があって以来の対戦だったわけです。

大会前の記者会見時では近藤が先にコメントしていました。

今までの近藤だったらあえて俺たちを無視するだろうと思っていたら、真っ先に俺の名前を上げたので、俺は直感的に「あ、やる気満々だな」とちょっと嬉しくなりました。

予想通り、試合はとても熱くスイングし、試合後も闘いの続きを示唆し、握手もできました。

リーグ戦自体は残念ながら優勝こそできませんでしたが、この一戦をおこなえただけでも価値ある参戦でした。

その翌年、この縁を機に俺の25周年記念試合の相手に近藤にオファーしました。快く出場してもらい、15周年の時にできなかったカードを10年越しに実現することができて感慨深かったです。

悪冠一色・解雇事件　悪冠一色は近藤修司、〝brother〟YASSHI、菅原拓也、大鷲透、高木省吾の5人によるヒールユニット。望月もかつてこのユニットに属していたが、追放される。5人は素行不良、職務怠慢を理由に、２００４年末にDRAGONGATEから解雇された。

2018年8月7日、吉岡勇紀、H・Y・O（左）に懇願されて結成した望月道場。ユニットではなく、望月がアドバイスを送ることで若手たちの成長を促した

空白期間が長かった近藤と再会を果たしたのは全日本マット。ジュニアタッグリーグ戦で闘った（2018年8・9新木場）

その後もDRAGONGATEの20周年という節目もあり、以後、継続的に参戦してくれているのは周知の通りです。

望月道場

望月&シュン組の評判がよかったのか、今度は「ジャイアント馬場没20年追善興行～王者の魂～」（2019年2月19日、東京・両国国技館）に呼んでいただきました。

この頃のシュンは飛び技に特化していましたが、まだまだ何も残せていない状態でした。

こういうヤツこそ、普段やったことのない選手とやったら意識も変わるし、伸びるだろうとの抜擢でした。

シュンと組み続けたことから、吉岡勇紀※、H・Y・O※に嘆願されて誕生した望月道場でも

吉岡勇紀　2016年10月デビュー。2022年度のシングルナンバーワン決定戦キング・オブ・ゲートで初優勝。7月におこなわれた神戸ワールド記念ホール2連戦で初日にドリームゲート王座を初獲得し、翌日に初防衛戦をおこなった。

H・Y・O　2016年8月にデビュー。シュン・スカイウォーカー、吉岡勇紀、Ben-Kらと同期にあたり、82kg以下の中軽量級戦線で活躍。どんな相手でも巧みな作戦を駆使して倒すことから「ミスター頭脳」のニックネームもついた。

行動を共にしましたが、シュンにはいろんな意味で裏切られた（苦笑）。いの一番に、勝手に望月道場を抜け、海外（メキシコ）に行って帰ってきてドリームゲート王者になったはいいが、ベルトを失ったあとに、独自路線を走ってヒールの道へ。ある意味で個性を発揮していると言えなくもないですが、いつもどんな行動に出るのか予測がつきません。それが多かれ少なかれ、現在のファンに受け入れられているのかもしれませんが…。

こんな感じで今では対戦する機会しかなく、諸々腹の立つことばかりなのですが、ただ、客観的に見たら、こういう先輩のアドバイスや考え方を無視、否定して成功する奴こそ、世代交代を真の意味で成し遂げたトップとも言えます。

だからコイツはこのまま自分を貫き通せばいいと思います。

ただ、やり過ぎたら、全部自分に返ってくるぞ…とだけ言っておきましょう。

シュンとはDRAGONGATEでもそのままコンビを組んでいくことになります。そしてしばらくするとシュンと同期の吉岡、H・Y・Oからユニット結成を持ちかけられたわけです。ただ、時期尚早だと思って却下すると「望月道場という形で一緒にやらせてくれ」との提案があり、ユニットではない形の、アドバイスしながら組んでいくという集合体ができました。

俺は正直言うと乗り気ではありませんでした。

「指導する立場」になったら自分があまり勝負できない。

だから、あくまで「一緒に切磋琢磨していく」というスタンスを強調しました。

ただ、乗り掛かった船でもありましたし、いろいろな案やアドバイスを出しながら自分なりにやりました。

さて、話を馬場さんの追善興行に戻すと、この時、10数年ぶりにNOAHの丸藤正道選手と遭遇（望月＆シュンvs丸藤＆新崎人生）。

この一戦で丸藤さんとの縁ができて、NOAHさんに初参戦することになっていきます。

そして、NOAHさんから正式にオファーをいただき、初参戦→N－1※参戦も決まっていきました。

自分としては「それならDRAGONGATE内では彼ら（望月道場生）が成長するまでアドバイスに重きを置き、自分自身の勝負はNOAHさんで」というところに落ち着けたのです。

若い選手たちの話が出たので、2023年現在における新世代…というかすでに現世代と言ってもいい吉岡、箕浦康太※、菊田円※についても少し書かせてもらいましょうか。

N－1　正式名は「N－1 VICTORY」。プロレスリングNOAHが1年に1度開催するシングル最強戦士を決めるリーグ戦。望月は2022年まで4年連続で出場。

同じ世代で切磋琢磨しているBen-K、シュンはまた別路線という感じがしますが、正統派でいうと、この3人なのかなと思います。

吉岡と箕浦に関して言えば、一番気の毒な時期にトップに上がった感があります。

コロナ禍で声援のない中、いろいろ試行錯誤していたと思います。

その中で素晴らしい肉体を作り上げた。

これだけは周りの状況は関係ありません。

本人の努力次第ですから。

たゆまぬ努力は体に出る。

そしてドリームゲート戦線を争うまで成長しました。吉岡は神戸ワールド記念ホールという団体の年間最大のビッグマッチ、しかも2連戦のいずれもメインで王座奪取、翌日初防衛戦を果たしたのです。

その努力を怠らず、これから先のコロナ明けの世界でもトップを担ってくれると思います。

そんなふうに思っていたら、コロナが明けて歓声OKとなった後楽園ホール大会で「コレは！」という試合がありました。

2023年4月5日におこなわれた次期ドリームゲート挑戦者決定戦、菊田対箕浦。

この試合を見た時、ある種の安心と寂しさを感じました。

今までは、特にコロナ禍で歓声のない中での闘い方、見せ方がわからないなら、まだまだ俺がいってやると思っていました。

2022年12月6日の後楽園大会、俺が吉岡のドリームゲート王座に挑戦した時の理由の一つでもあります。

でもこの試合を見て、もう俺にそういう意味での「出番」は必要ないと思いましたね。

「あぁ、大丈夫だ、コイツらで」と。

ひとつアドバイスがあるならば、こんな俺の期待をいい形で裏切る何かを起こしてほしい。

「卵が先か、鶏が先か」になりますが、俺らがやってきて成功してきたいろいろを否定して成功するくらいの気概を持ってほしいなと思います。どちらにせよ、今後に期待を寄せたい選手たちです。

箕浦康太　2018年7月にデビュー。DRAGONGATEの未来を担う選手のひとりであり、同世代の吉岡や菊田らとトップ戦線を競い合っている。令和新世代のメンバー。

菊田円　コロナ禍の2020年6月に無観客配信大会でデビュー。肩の負傷で1年間を棒に振ったが、再起を果たし、2023年5月、史上最年少でドリームゲート王座を獲得した。自慢の下半身から放たれるヒップアタックは強烈。令和新世代の提唱者。

2019年2・19両国で開催された馬場の追善興行で丸藤と遭遇。のちのNOAH参戦につながる

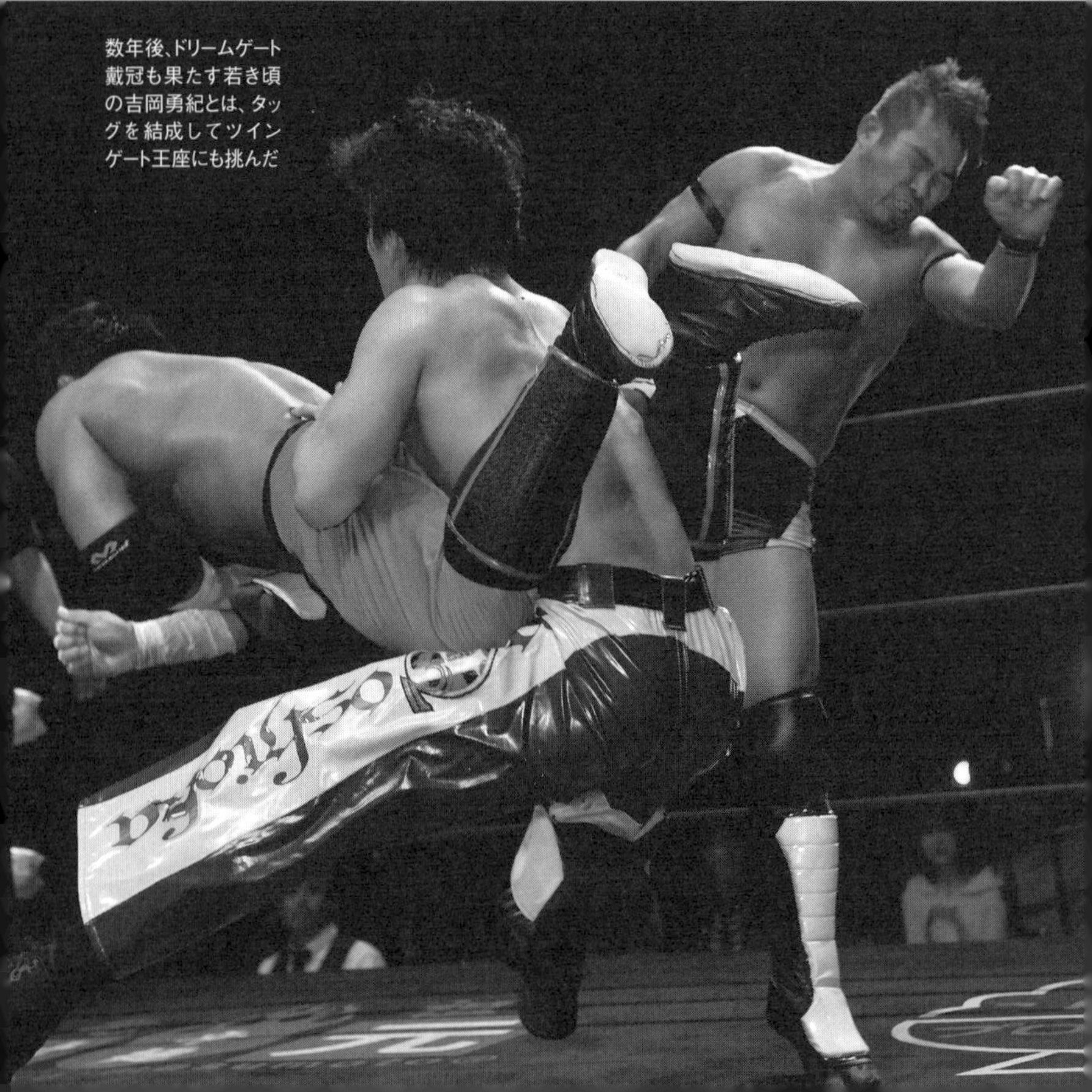

数年後、ドリームゲート戴冠も果たす若き頃の吉岡勇紀とは、タッグを結成してツインゲート王座にも挑んだ

こちらも馬場の追善興行の一コマ。馬場さんのパネルの前でこの日タッグを結成したシュン・スカイウォーカーと

居場所なし、三軍抗争からはじかれて…

２０２０年に入るとＤＲＡＧＯＮＧＡＴＥのリング上は、闘龍門世代対ＤＲＡＧＯＮＧＡＴＥ世代対ヒールユニットＲ・Ｅ・Ｄと、世代闘争にヒール軍団が加わる変則的な三軍抗争が始まりました。

誰がどこに属するか…。

望月道場にいた若い選手の中でＨ・Ｙ・Ｏは三軍抗争が始まる前にＲ・Ｅ・Ｄに寝返っていましたが、それ以外は「右向け右」で、ＤＲＡＧＯＮＧＡＴＥ世代に名乗りを上げました。

闘龍門時代を知る者はもちろん闘龍門世代へ。

俺は…。

乗り気でないのに、抱えていた望月道場勢が勝手にＤＲＡＧＯＮＧＡＴＥ世代に行き、闘龍門世代を指揮したヤツは…君ら、どちらかというとＴ２Ｐ※やん…。厳密に言えば、この人たちは闘龍門の時、トップではなかったですから。

俺はまったく乗れなかったので、どこにも属しませんでした。

この頃が一番、上の空だったかもしれません。

それに加えてコロナ禍となります。

DRAGON GATEは神戸が本拠地。

俺は闘龍門合流以前から、家族と東京に居を構えていましたので、巡業参加までは別移動なのです。

そこに行動制限が世間的にかかってしまったこともあり、「東京自宅待機」が多くなりました。リング上のカード編成的にも、三軍抗争なので「俺がいなくても」試合は成立します。当然、俺の対戦カードは組まれない、イコール一気に試合がなくなりました。

ぶっちゃけ言うと、この時ほどいろいろ考えたことはなかったです。

「なんか完全に居場所がねえな」

もちろん、この時の三軍抗争に乗らなかった俺も悪いのですが、その時、闘龍門世代を率いていた人らも俺にいられては、せっかくつかんだトップの立場が微妙になってしまうと感じたからなんだろうなと思いました。

T2P　「闘龍門2000プロジェクト」として、華やかな闘龍門とは異なる「ルチャ・リブレ・クラシカ」を標ぼうとし、ジャベ（関節技）に特化した技術を持つ選手を数多く育てた。六角形リングで試合をおこなっていたことも特徴。ミラノコレクションA．T．や吉野正人、土井成樹、近藤修司といった面々もT2P出身。

実のところ、一度は俺から断ったこの闘龍門世代、「望月さんの力も必要だ」と言われるのを待っていたんですけどね。(苦笑)。

なかったよ(爆笑)!

精神的に助けられたNOAHからのオファー

そんな俺に救世主が現れます。

NOAHさんからのさらなるオファーでした。

この時のオファーは、まず精神的に助けられました。

「まだ俺を必要としてくれる人がいる」

そんな気分でした。

ただ、NOAHさんには、25年超のキャリアにして初参戦でしたので「やれるのか?」という不安はありました。

というのも、俺のイメージではプロレス界で一番「王道」。

俺のような、ある意味「我流」でやっていた人間は受け入れられるのか?というのは少なからずありました。

そういう意味で言えば、一番「王道」を感じることができたのは小川良成※さんでした。6人タッグで2度ほど試合をしたあとに参戦することになった第1回N-1。周りの目も一気に険しくなった気がしました。

その初戦の中嶋勝彦※戦。

リング上から遥かうしろの方に、吟味するかのように、何人もの選手が見ているのが見えたのです。

そこに小川さんもいました。

もちろんそこで自分のスタイルの何かを変えるつもりはありませんでしたが、小川さんの目にはどう映っているのかは気になりました。

試合は当然、蹴り合いになります。

結果的には敗れましたが、自分らしい試合ができた自負はありました。

小川良成　1985年9月に全日本プロレスでデビューした大ベテラン。ジュニア戦線で活躍し、三沢光晴さんのパートナーも務めた。NOAHマットでは現在も若い選手たちに混じり、熟練のテクニックを披露。

中嶋勝彦　2004年1月に15歳9カ月の若さでデビュー。健介オフィスを経て、2016年1月にNOAH所属となる。NOAHのリーグ戦N-1では初の連覇を果たした。

俺の勝手な想像で（苦笑）、小川さんからは「あんな蹴ってばっかりなのはプロレスじゃねえ」などと言われたりするのかな、とか思っていたのですが…。

試合後、小川さんの方から僕の元へ。「あ、何か言われるのかなぁ…」と思っていたら、こう声をかけてくださったのです。

「いい試合でしたよ！」

あれは嬉しかったなぁ…。

まあ俺が勝手に小川さんのイメージを頭に植えつけていただけの話なのですが（笑）。

王道から一番遠くにいるタイプのスタイルだと思っていたので。

ここから「よし、NOAHでもやれる！」と自信もつきました。

そんな感じで、この時期にNOAHさんで「プロレスラーとしてのモチベーション」を維持できたのは、とてつもなく大きかったです。

武藤敬司、船木誠勝の偉大さ

さらには武藤敬司さん※、船木誠勝さん※を始め、今まで考えられなかった方々とのシングルマッチも実現し、そういう方たちとどう対峙するかを考えて試合することにより、50歳過ぎにして成長できた自分を実感できました。

このお二人がすごいのは、動かなくてもすでにプロレスラーなところです。

もちろんタイプはまったく違います。

武藤さんはもう「見たらわかるでしょ」オーラ。

船木さんは「いつ試合が終わるかわからない殺気」オーラ。

オーラでお客さんを納得させてしまうから、余計な動きをしない。

俺がまず目指したのは「どう自分が動くか」「どう自分を見せるか」ではなく、「どうしたら、この二人を動かせるか」でした。

要はこちらのペースに持ち込むこと。

勝つか負けるかの話はそこからだと思いました。

武藤敬司　1984年10月にデビュー。日本が世界に誇るプロレスリングマスター。グレート・ムタという別の顔も持つ。新日本、全日本、WRESTLE-1、NOAHと渡り歩き、数々の偉業を達成。2023年2月、東京ドームで引退。

船木誠勝　1985年3月に新日本プロレスでデビュー。UWF、藤原組、パンクラスなどで活躍。総合格闘技に闘いの場を求め、2000年5月にヒクソン・グレイシーに敗れて引退を決意。2007年に現役復帰し、2009年からは全日本でプロレス復帰。NOAHマットでも活躍する。

結果、動かすことには成功し、何とか攻防することはできましたが、武藤さんはやはり体格が違うので、こちらの体のダメージが細かい動きでも蓄積してしまった。

船木さんに関しては、俺の得意なペースは船木さんが俺以上に得意なペース、スタイルでした(苦笑)。

ということで、単純に実力負けしてしまいました。つまるところ、お二人とも単純に強かったというわけです。

そしてこの時期にジュニアが「プロレスラーになりたい」となり…。

「まだ落ち着くわけにはいかねえってことだ」と、ピンチの時には必ず何かに助けられる俺自身の強運に感謝しました。

NOAHマットでは同じMというイニシャルであることから武藤、丸藤らとM'sアライアンスを結成

第9章

望月ジュニア

人見知りをせず落ち着きのない息子、車にひかれる

そろそろジュニアのことも書いていこうと思います。

２００２年４月20日、望月家に待望の初子、初孫、初ひ孫が誕生しました。

この時はまだ俺の祖父母が３人健在でしたから、初ひ孫でもあったわけです。

名前は龍斗《りょうと》と名付けました。

なぜ「龍」を「りょう」と読むようにしたかと言うと、最初は馬年に生まれたので「龍馬《りょうま》」もいいなと思いました。

でも、そのままもイヤだなと思い「りょう」呼びだけが残り、妻が「斗」を入れたいと言うので「龍斗」になりました。

そして皆さん気になっているであろう「龍」の字。

これはもう俺がプロレスラーになってから天龍さんにもお世話になってきましたし、もちろん闘龍門の意味もある。

そして何より妻のお父さんの名前に「龍」が入っているのです。

命名は、完全に「龍」ありきスタートでした。

ジュニアが生まれた頃は、団体の年間巡業スケジュールが決まってきた頃で、間違いなく土曜、日曜は家におらず月曜日に帰るという感じでした。

もちろん増える例外もたくさんありました。

1歳半くらいまでは、俺のことを覚えては忘れる、の繰り返しでしたね。

月曜日に帰った時はだいたい「誰だ、このオッサン?」という顔で俺の顔を見ていましたから。

そんな感じなので、教育はどうしても妻に頼りっぱなしでした。

妻が怒ると俺がなだめる。

俺が甘やかすからと妻が怒る。

これの繰り返しです。

俺が中学時代の話を書いた頁でもふれましたが、俺は一時、父が厳しすぎて、学校で悪事を働いても嘘をついて逃れようとしたことがありました。それが頭にありましたし、半分以上家にいない俺はなかなか怒れませんでした。

そういう意味で本当、妻には苦労をかけたと思います。

なんだかんだ母親寄りでしたね。

デビュー前、一度DRAGONGATEの道場で何人かがコロナにかかったことがありました。

ジュニアもコロナになったのですが、妻が「道場はコロナ大丈夫なの？」と、やたら心配していたので、ジュニアには「心配するからママに言うな」って言ったのですが、アッサリ言いやがって（苦笑）。俺が妻から「何で黙ってたのよ！」と、怒られた時もありました。

あの時は参ったよ。

とにかく小さい頃から人見知りをしない、落ち着きのない子でした。

人見知りをしないエピソードとしては焼き肉屋さんに行った時、ジュニアが突然、こんなことを言い出しました。

「このタレ美味しい。持ち帰り用は売ってるのかな？」

「自分で聞いてこい」と返しましたが、その店は持ち帰りはやっていません。それでも言い方がよかったのか、タレを分けてもらったこともありました。

焼き肉と言えば、妻の実家は以前、肉屋でした。

「じいちゃん、一番高い肉ちょうだい！」と言っては持ち帰り、１００g１５００円級の肉を物心がついた頃から食べているので、肉には相当うるさいですね。

焼き肉屋さんでは、５歳くらいからよく「このお肉は何等級ですか？」と聞いていましたから。

「そういうことを聞くな」と、よく怒っていましたよ（苦笑）。

スポーツはまず空手をやらせてみました。

空手は礼儀と他人の痛みを知ることができますから。

最初に願ったのは「イジメっ子にもイジメられっ子にもならない」こと。

幸い俺の同級生が近所にあった名門の極真空手道場の指導員をやっていたので安心して預けました。

この時4歳です。

それまでも水泳をやらせても馴染めず、見学に行くとだいたい指導員の方に抱っこされ、泣いていました。

野球もやらせてみたかったのですが、まったく興味を持ちませんでしたね。

あと妻が体操もやらせていました。

俺が興味なかったので特に気にしていませんでしたが（笑）。

でもブリッジが綺麗にできるのは、この時の体操の効果はあったかもしれません。

空手も最初は道場に着いても「お腹が痛い」などの理由で休んだりしていましたが（苦笑）、ここの支部長がとても尊敬でき、こんな方針を示す人でした。

「強制するのが一番よくない。あと他人と比べて怒るのは絶対しないでください。まずは道場に来ただけで一つ成し遂げたと褒めてあげてください」

本人に火がつくまで待ちました。

道場に入って1年、初めて大会に出場しました。

支部内試合、幼稚園年長の部。

規模としては東京の5分の1くらいでしょうか。

1回戦、開始2、3秒でいきなりハイキックをクリーンヒットさせ、技アリを取ると、そのまた10秒くらいして、またまたハイキックで技アリ。合わせ一本勝ちでデビュー戦を飾りました。

「コイツ、やるんじゃ?」と思った2回戦…対戦相手は女の子でした。

幼稚園の部までは男女混合でした。

結果は判定負け…。

ズッコケました(苦笑)。

「来年は頑張れよ」と思った翌年、またまさかの事態が起きることになります…。

その日、俺は自宅からそう離れていない場所でGAORAさんの大会放送用の後入れ解説か何かをしていました。

すると妻から電話があったのです。

そんなに遠くに行っていない状況の仕事中に妻が電話をかけてくることはまずありません。

少しイヤな予感がしました。

「龍斗が車にひかれた」

イヤな予感は的中です。

ただ、車にひかれたという状況のわりに、妻の声はそれほど取り乱していません。

「命は大丈夫なんだな？」

「うん、足をひかれた」

とりあえず病院へ向かいました。

龍斗の姿を見た時、スネのあたりから出血していたものの、普通に喋っていましたし、命に別条がないとわかって少しホッとしました。

小学校に入学して1週間後の出来事で、そのまま入院したので友達作りに苦労しないかは心配しました。

それでも空手をやっていたおかげか、挨拶だけはしっかりできたのと愛想がいいのか、取り越し苦労に終わりましたね。

空手の方は翌年の2年生の時に2年ぶりに出場し、支部内大会でいきなり復活優勝しました。

このあとも期待しますよね。

5年生くらいまでは勝ったり負けたりの繰り返しでした。5年生の時に出た埼玉県大会で優勝したあたりから、神奈川県大会で優勝し、東京大会で3位、関東大会はベスト8になりました。

この頃くらいから、大人の部での稽古にも参加するようになったので、よくスパーリングをしていました。

体重が倍ほど違うので、さすがにダウンはしませんでしたが、自分の息子からクリーンヒットのハイキックをもらい、目の前が「バチバチ」と一瞬、暗くなった時は少しショックでしたね（苦笑）。

最後は引退試合となった国際大会。ここではベスト16という結果で空手生活を終えました。

そういえば小学4、5年生の頃かな。

ヤンチャな同級生がおり、いつもちょっかいをかけられていたらしいです。

その子が妻の後輩の息子だったのですが、一度うしろから殴られたことがありました。妻はその子の家に電話をかけ、キッパリこう言ったそうです。

「次に先に手を出されたら、やり返すから。前から来るなら負けないから」

道場ではこう教わっていました。

「空手無先手」

すると後日、今度は正面から来たらしく、やり返したらワンパン（一撃）で終わったそうです。

そんな同級生とは中学に入ってから同じアイドルを追いかけて仲良くなったらしいです。

結構、誰とでも仲良くなれる性格らしく、クラスで何かグループを組んでやる際、龍斗はおとなしい子とよく組まされる役目でした。

小学生の時は「将来、プロレスラーになりたい」とは言っていました。

妻は「はいはい、ないない」と言っていましたが…。

このまま空手を続ける選択肢も本人の中ではあったようなのですが、スポーツは学校内の部活でというのは俺も思っていたので、地元の中学で一番強いバレーボール部を勧めました。

「コイツが俺と同じ道を進んで、どれくらいの成績を残すのか？」

俺としても楽しみでしたしね（笑）。

実際はエースアタッカーとなり、区大会、その上のブロック大会で優勝を果たしました。

俺の実績を少し上回りました（苦笑）。

この頃は初めてやったチームスポーツだったからか、なんとなく責任感も出てきて、練習は率先して行くようになりました。

プロレス会場にも見に来なくなり、「プロレスラーになりたい」とも言わなくなっていきました。

高校進学は3校ほどからスカウトが来たのですが、最初に誘っていただいた多摩大目黒高校に進学。

エースアタッカーとして東京都でベスト8まで進みました。そして目標の関東大会が見えた頃、コロナ禍に見舞われ、3年生の大会はすべて中止となってしまいました。

俺が高校進学時に悩み「ネットが高くなるし、俺の背じゃアタッカーは厳しい」とあきらめた

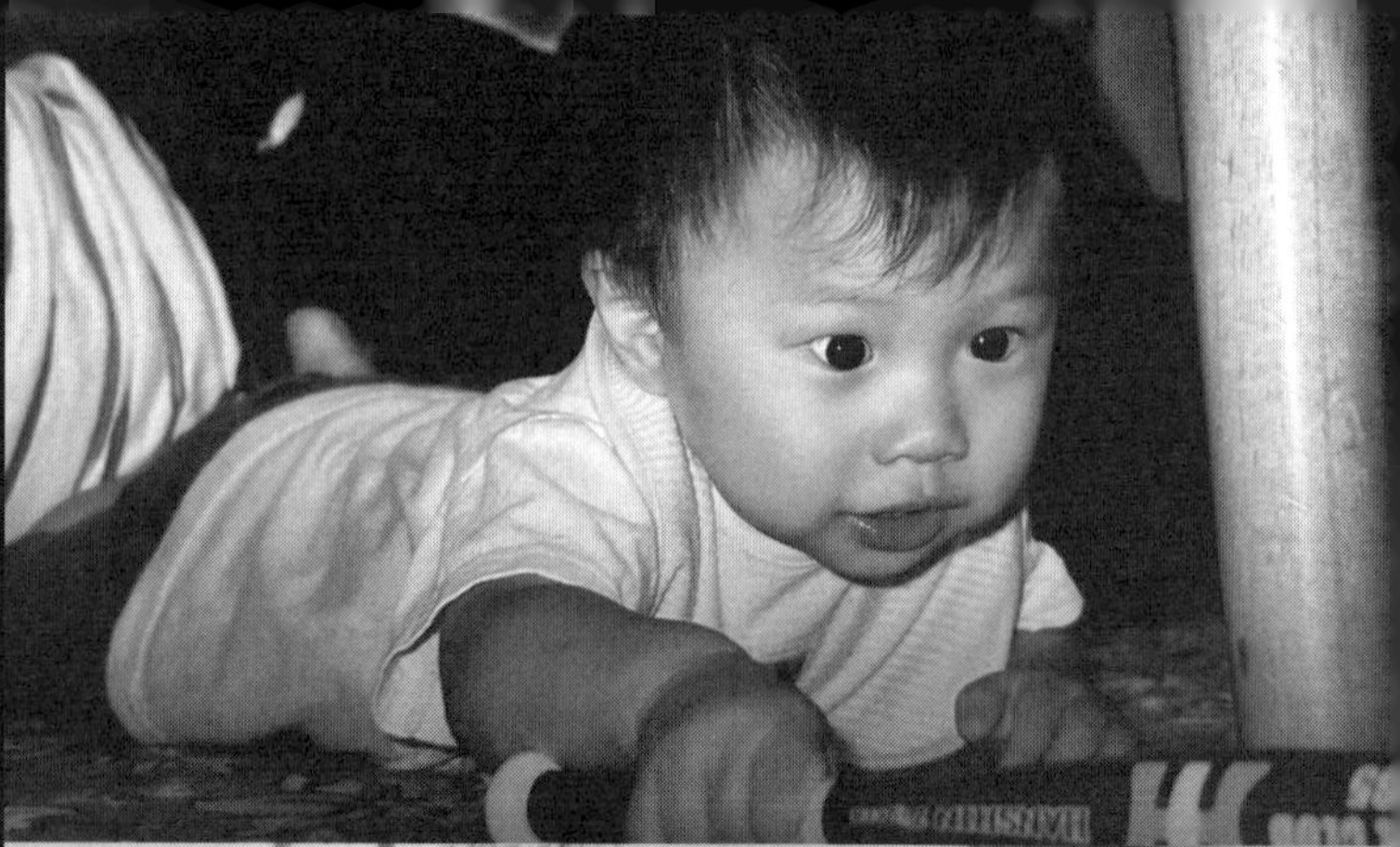

（上）阪神タイガースのファンだったジュニアママが野球に興味を持たせようと頑張ったが、実らず… （中）生まれて1歳ほど。こんな写真も今だから出せる （下）ランダムに選ばれたチビッコがダーツの矢を投げ、命中したところに書いてある選手が試合をおこなうという「土井ダーツ」。小さい頃のジュニアも選出されていた（右から2番目／2013年12月5日、後楽園）

(上)バレーボール部の時、区大会で優勝を果たした
優勝経験は数知れず。

(下右)ジュニア12歳。極真神奈川県大会を制覇。
(下左)高校入学する前も玄関の前で、親子で撮った道を、龍斗は俺と変わらない背丈でありながら、東京都でベスト8まで上り詰めたのはある意味で快挙でした。

ぶっちゃけ東京都のベスト4は、まず平均身長が10㎝ほど違ったりしますし、全国から集められる世界。

ハッキリ言って努力で埋まる差ではありません。

そういう意味では大したものだと思いました。

そして、コロナ禍で部活ができなくなった時期あたりから、プロレス会場に試合を見に来るようになり、燃えるはずのものがなくなって火がついたのか「プロレスラーになりたい」と言うようになりました。

息子の入門前、親子での最後の会話

前書きにも書いた通り、入門するまでは妻と紆余曲折ありました。

龍斗は生まれて物心がついた時から、DRAGONGATEを生で見に来ていました。

妻は龍斗が会場で「パパだ」などと言わないよう、面白い教え方をしていました。

「プロレスラーのモッチーとパパは、顔は似てるけど別人」

ある時、ベランダにコスチュームが干してあるのを発見した龍斗。その質問にも妻はキッパリとこう説明していました。

「何でモッチーのコスチュームがウチにあるの？」

「パパはモッチーと友達だから、洗濯を頼まれたみたいよ」

いつ物心がついて「親父がプロレスラー」「なんか他の家と違う」と気づいたのかはわかりません。

だって俺の親父はプロレスラーじゃありませんから、どういう気持ちで育ったかわかりませんから。

時代が違うとはいえ、俺がプロレスラーになるまでは前章で書いた通り。何度か「あきらめなければいけない夢」でしたし、チャレンジするにも、かなりの意思と勇気が必要でした。

身近にプロレスラーもいませんでしたし。

我が家の場合は頻繁にプロレスラーを間近で目にし、そもそもプロレスラーと一緒に住んでいます。

子供の頃から普通に選択肢の一つ程度の身近さだったのかもしれません。

プロレスラーになりたいと言った息子に対しての言葉は一つだけ。

「何があっても途中でやめるわけにはいかないからな」

もちろんプロレスができなくなるようなケガなどは論外ですが。

最初は妻も猛反対でしたが、何度も話し合いを重ねてなんとか説得できました。

それでも、プロレスラーを目指してDRAGONGATEに入門すると決めた頃、妻は最初「両祖父母を含め、周りの人たちには神戸の大学に行ったことにしよう」と画策。「デビューが決まるまで誰にも言わない」という作戦でした。

妻からしたら「もし何らかの形でデビューに至らなかったら…」との思いもあったのかもしれません。

ただ、さすがに両祖父母に内緒にするのは無理があると言いますか、ほぼ不可能。俺の両親なんて毎回、後楽園に観戦しに来ていますし（笑）。それでも近い親族以外の周りの人たちには隠していました。

そんな状況の中、2021年4月某日、ついに入寮の日を迎えたのでした。

たまたま俺も神戸に滞在している日だったので、入寮式がおこなわれる時間の少し前に最寄り駅で待ち合わせました。

すでに頭を丸めていました。ちなみにDRAGONGATEは髪型に制限はありません。

ニット帽に上下のスウェットという組み合わせを見て、思わず、突っ込まずにはいられませんでした。「何だ、その格好は?」と。

「いや、格好は何でもいいって言われたから」

確かに過去、何度か入寮式を見てきましたが、みんなラフな格好で来ていて、そこに何の制限もありませんでしたし、入寮式と言っても形式だけで説明事項を聞く程度のものではありました。ただ、俺がなんとなく納得しませんでした。

せっかく丸坊主にしたのなら、格好もちゃんとしてほしかったので、近くのショップでワイシャツ、スラックス、革靴を買って着替えさせました。

「緊張してるか?」

「メチャクチャしてる」

最後にメシも食べましたが、大した会話もせず、俺は一緒に道場に向かうことなく、駅で見送りました。

入寮式も終わっただろうと思われる時間にＬＩＮＥを送ってみました。

この年から入門希望者が多かったからか、道場には二段ベッドならぬ三段ベッドが導入されていました。

「真ん中だったらイヤだよな」なんて話をしていたので、「ベッドは何段目だった?」とＬＩＮＥをしたら返事が敬語に変わっていたのです。

「お疲れ様です。窓際の〇番目でした」

アレ？　敬語!?と思い、俺との距離を自分で覚悟したらしかったので、「そうか、頑張れよ」とだけ返信。

周りの人から聞いた話ですが、誰かに言われてそうしたわけではなく、自分の判断だったらしいです。

ぶっちゃけなぜだかわかりませんが、すごく淋しさを感じた一方で、「ひとまず覚悟は決めたんだな」と思い、それから連絡を断ちました。

面接時の面接官は斎藤了ＧＭだったのですが、昔からよく遊んでもらっていましたし「ナァナァ」にならないか心配でした。

でも、そんなこともなく、ＧＭに聞いても緊張の面持ちだったそう。

「まあ、それくらいはわきまえてるか」

以降、何かしら連絡が必要な時は妻経由。そう徹底しました。

道場に戻ると恒例の新寮生の自己紹介を受けます。

「東京から来ました望月龍斗、18歳です。よろしくお願い申し上げます」

これを受けた親の気持ちは、おそらくなかなか知る人はいないと思います。

「知っとるわ！」と心の中で思いつつも「はい、頑張ってね」と返しました。

親子プロレスラーは何組かいらっしゃいますが、こうして道場を構え、大人数の練習生を抱える団体に親子で同時に所属するというのは過去にないでしょう。

「望月ジュニア」としてデビューした時「こういう状況の親子レスラーは初めて」とツイートしたら、案の定、まあまあの数の「誰々もいる」などのリプが多くてね（苦笑）。

「いや、そうじゃないんだよ。他の親子プロレスラーの方々と状況が違うでしょ」

俺だって覚悟が必要だった。偏見、妬み、身内からだって1㎜もないわけないじゃん。もちろんジュニアにも至らないこともあるでしょう。

ダメなところも目立つでしょうから。

入寮直前、最後に親子でご飯を食べに行った。ジュニアの表情が硬い

実際だらしないですし。

ちなみに新寮生の同期生には俺の息子であることは伏せることになりました。
2、3日で辞めるのが日常茶飯事の世界。
どこかで喋ったら台無しですから。

ドラゴン校長が俺の「デビューまで存在すら公表しない案」に大賛成してくれたというのもありましたしね。

こうして龍斗の寮生活はスタートを切りました。

息子でもイチ練習生、遠くから見守っていた修行期間

プロレスラーに向けての練習がいよいよ始まりました。

直前までやっていたスポーツはバレーボール。

ジャンプ力を一番必要とするので、太モモなどは高2くらいの時点で俺より太く、スクワットは苦にならなかったみたいです。

その一方で、上半身は筋肉が全体的に小さかった。

入門前から「腕立て伏せとスクワットだけは潰れないようやっとけよ」と、だけアドバイスしておきましたが、腕立て伏せはかなり苦労したらしいです。

道場での練習を何度か見ましたが、腕立て伏せで潰れている姿はよく見ました（苦笑）。しばらくすると、なぜか頻繁にどこかを痛めていました。

「コイツ大丈夫か？」と思いつつも、デビューが決まるまでは一切、口を利かないと決めていたので、何も言いませんでした。

同期は15人ほどいたのかな。

基本的に最初のテストは半年後。ここで脱落してしまうとプロレスラーの道は閉ざされることになります。

その時点で既に6、7人しか残っていませんでした。

先に合格が出たのは西川拓馬、加藤良輝、永野海斗。

間違いなく、この3人は身体能力的にも、ジュニアの先をいっていたと思います。

ジュニアはケガで出遅れ、少しあとになってテストを受けて合格をもらいました。

俺はそれまでは基本デビューしてからでないと新人と接点が生まれませんし、気にかけたことすらなかったです。

でも、さすがに今回はテメエの息子がいる。

「コイツが本当にプロレスラーになれるのか？」という思いだってありますから。

このテストで感じたのは、あらためてDRAGONGATEの育成システムの素晴らしさです。

「あれ？　いつの間にコイツにこんなことができるようになったの？」と思いました。

この育成システムの素晴らしさにはさまざまな要因があると思います。

まずは環境。

毎年4月の決まった時期に一斉に募集をかけ、だいたい10人から15人ほどの若者が入門してきます。

練習メニューに関しては詳しくは知りませんが、完全にプロレス漬けになり、体力、技術を練習生全員で一斉スタートする環境がいいのだと思います。

もちろん途中リタイアがほとんど。

ただ、この大人数に囲まれ、競走心が出るのもいいのかもしれません。

その中で残った奴はそりゃ強い。

校長から受け継がれた教える技術も素晴らしいと思いますが、この環境こそが、新人から〝できる〟選手が多い要因だと思います。

今こういう環境のプロレス団体は、あまりないのではないでしょうか。

礼節もしっかり植え込み、昔ながらの運動集団の団体生活（もちろん体罰などはありません！）

があるのも今はウチくらいなのかもしれませんね。

今後もDRAGONGATEにはたくさんの若者が入門してくると思います。

そんな人たちにアドバイスを送るとすると、ここ数年、プロレスラーになれるハードルが下がったと言われ続けてきていますが、確かに団体も増えてきましたし、ほかの小さな団体で何をやっているのか、その辺の状況はあまり知らないです。

ここ最近のDRAGONGATEに限って言えば、入門時点で体も体力もでき上がっている人が多い。

年々、生き残りは大変だと思います。

かつての闘龍門の頃は、恐らくプロレス団体で初めて入門者に対する身長規格を撤廃したので、それこそ小さい人も運動経験があまりない人も入ってきました。

ただ、昨今は背が高く、それこそ高校、大学でしっかりスポーツで成績を残した者が入ってくるようになりました。そうなると自然と生き残りは険しくなります。

入門者は半年後の合否判定までは、どれだけできなくても自ら「やめる」と言わない限りは道場に残れます。

それでも周りにスポーツエリートがいると「俺はこの人に敵わないから例えデビューまでたどり着いても活躍できない」と考えてしまうのか、半年が経とうするギリギリであきらめる人も少なくありません。

プロレスラーになれる敷居が今後どうなるかはわかりません。

でも一つだけ言えるのは、今も昔も〝プロレスだけで食える〟敷居は決して低くはないということ。

そこだけは肝に銘じてほしい。

昨今、とにかくプロレス団体は膨れ上がり、それと同時にプロレスラーの数も大幅に増えました。

ただ、狭い日本。プロレスファンがプロレスラーの数と比例して増えたわけではありません。そのファンのみなさんが決して安くないチケット代を払って見に来てくれるわけです。

プロレスラーという職業だけで生活ができる人とできない人がいて当たり前ですが、裾野が広がるという意味では悪いことではないと思います。

ほかのスポーツはアマチュアもあれば、それこそ部活だってありますよね。プロレスだけありませんから（同好会などは別として）。

すべてを同列に見るか、そうでないかは、ファンの方々の自由。でもシビアに食える者と食えない者に分かれていると思っています。

食えるために、のし上がればいいだけのこと。考えてみたら、俺がそうですし。

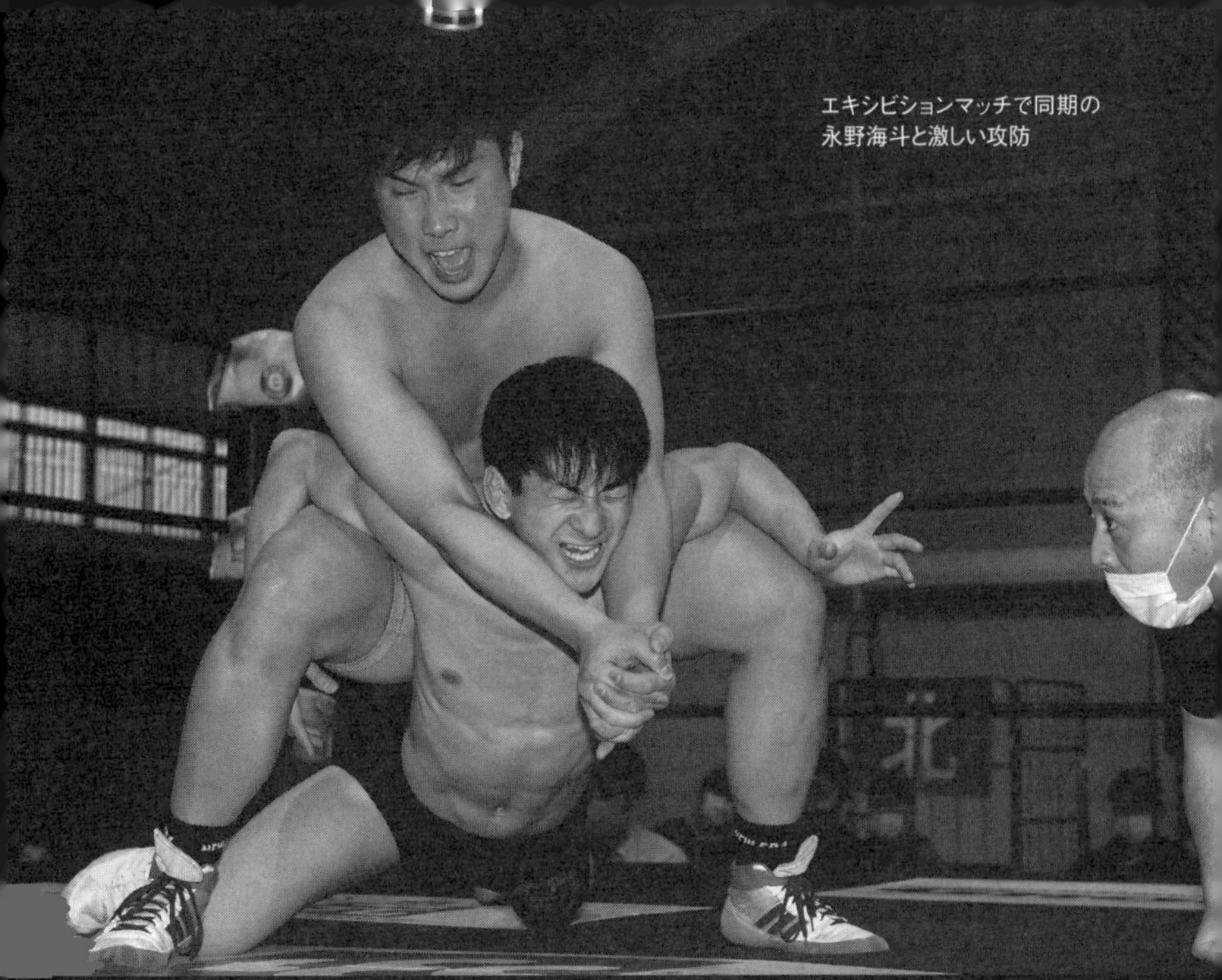

エキシビションマッチで同期の
永野海斗と激しい攻防

デビュー日、望月の口からジュ
ニアが実の息子であることをサ
プライズ発表した

ＤＲＡＧＯＮ ＧＡＴＥで成功すれば、それは叶う。

それまでに時間のかかる奴もいれば、いきなり活躍する奴もいる。そこを理解してこのプロレス界に足を踏み入れてくれ。

簡単な世界じゃないし、かと言って夢のない世界ではないというのはわかっていただけたらと思います。

異例尽くしのデビュー戦と口止め工作、親父、親バカになる

いよいよ現実味を帯びてきたジュニアのデビュー戦。

合格後、ここはさすがＤＲＡＧＯＮ ＧＡＴＥと校長のプロレス脳です。

「決して優れた者、合格した順にデビューさせるのではなく、いいタイミングの時にその選手に合ったデビューのさせ方」を考え、校長とＧＭは龍斗のデビューのタイミングを合格した時点で見計らっていました。

それは先に合格した同期にも伝えられました。

「コイツを最初にデビューさせるから」

そこをみんな理解してくれました。

そういえば入寮する日、一つだけ言ったことがあったのを思い出しました。

「いつかはオマエが俺の息子だってことはわかる。もしかしたら、オマエは何かの形で優遇されることもあるかもしれない。どうしても嫉妬とかは出る可能性だってある。とにかく同期とだけは仲よくしとけ」

どうやらしっかり仲よくはなったらしく、一安心しました。

2022年も明けた頃、珍しく（?）校長から話しかけられました。

「モッチーだったら息子をどうデビューさせる?」

俺は…。

デビューは後楽園ホール。

前月に紹介し、いきなり息子であることをカミングアウト。

対戦カードは親子でシングルマッチ。

それ以降は成長するまで一切絡まない。

「あまり一緒にいて『親バカ』とだけは思われたくないです」という考えを出しました。

それに対する校長の答えは…。

「モッチー、違うよ。プロの親バカになるんだよ」

青天の霹靂でした。

日本のプロレス界は、とかく2世への目が厳しい。

その一方で海外での成功例がとても多いのも事実です。

俺以外の2世レスラーを持つ親レスラーの方々は世代的に皆、地上波に出ていた時代のレジェンドばかり。

そういうレジェンド世代以降で、初めて親子同時所属です。

それなら日本プロレス界で過去にないことをやってやろう。

ここで腹を括りました。

考えてみたら「親バカと思われたくない」という時点で親バカなのかもしれませんし、心の奥底にある感情を曝け出すのもプロレスだなと。

変に距離を取っているのは俺自身の立ち位置、プライドを保つためかもしれないとも思いました。

デビューは2022年6月3日の闘龍門興行、後楽園ホール大会に決まりました。

闘龍門大会は通常のDRAGONGATEの大会と違い、当時の懐かしい選手が参戦したり、昔のユニットが復活したりする特別大会です。

それならM2K復活のタイミングに合わせようということになり、まず前月の後楽園(2022

年5月11日）で既成事実を作り上げました。

この時ちょうどヒールユニットのZ－Bratsとの対戦だったのですが、「何か俺が劣勢になった時に助けに来い」と伝えていました。

ちょうど場外乱闘の際、俺がイス攻撃を食らいそうになった場面。いいタイミングで助けに来たので、試合後にM2Kへ勧誘、さらにデビューの話まで強引に持っていきました。

そしてもう一つが親子であることのカミングアウトの仕方です。

校長がこだわったのは「当日サプライズ」。

俺はその既成事実を作り上げた前月にカミングアウトしたかったのが本音です。

なぜならその方が宣伝になりますし、何より知り合い等にチケットを売る時に「口止め」がどこまで通用するか不安だったからです。

誰かがツイートでもしたら終わり。

それを校長に伝えたところ…。

「モッチー、バレたらバレたでいいんだよ。リング上で答えを見せなきゃ一緒。小さいことは気にしない！」

さすがは世界の究極龍、肝っ玉が違います。

デビュー戦にはコロナ禍であるにもかかわらず250人近くの知り合いが来てくれることにな

りました。

あれだけ反対していた妻も、一番チケット営業に奔走してくれました。

母親とはこういうものだと思いましたね。

そして挨拶がてら一軒、一軒、チケットを渡しに行きながら「口止め工作」をしていきました（笑）。

DRAGONGATE FUTURE（デビュー前の練習生が会場で試合前におこなうエキシビションマッチ）でのリングネームは校長案でした。

「昔、ススムと〃モチヅキ・コントラ・モチヅキ〃をやった時、モッチーが負けたら〃江《え》東成《とうまさ》晃《あき》〃になる予定だったよな。うーん、エトウ・マサ…マサ…マサハルでいいや」

こうして「東」を「藤」に変え、仮名「江《え》藤成春《とうまさはる》」に決まりました。

エキシビションの時は、念のため「バレるかもしれないから蹴りは使うな」と言いました。

さらにはこの間、次の新寮生が入ってきます。

この時、すでに道場内の当番表の表記は「江藤」になりました。

こうして何とかバレずに当日を迎えることができました。

前月の後楽園からこの日を迎えるまで、何度エゴサしたことか（苦笑）。

どうやら知り合いへの口止め工作は効いたようでした。

バレなかった最大の要因は「大して顔が似てなかった」ことでしょう。カミングアウトしてから「さすが親子、似てる」という声をいくつか聞きましたが「いやいや君たち、見抜いてなかったろ」と思いましたね（笑）。

デビュー日が決まってからは、それまで一度も龍斗の練習に口を出したことはなかったですが、パートナーとしてデビューするわけですから、それからは徹底して、その試合に向けての実戦練習を一緒にしました。

こうなると、同じコーナーに立ってデビューする感慨深さなどは消えていました。

「下手を打たすわけにはいかない」

責任感しかなかったです。

「おー、曲がりなりにもお客さんの前で試合してるよ」

感慨深さは、よっぽどエキシビションマッチを見た時の方がありました。

リングネームに関しては、本名をカタカナ表記にして「望月リョウト」とし、俺もDRAGONGATEでは「望月マサアキ」として、闘うことを発表しました。

デビュー戦で無事に勝利を飾ったあと、ドラゴン校長がやってきました。「リョウトはややこしい。彼のリングネームを考えてきた」というのです。それが「望月ジュニア」でした。

理由は単純明快、その方が分かりやすいから。

確かに海外では2世レスラーが「ジュニア」を名乗ることが多く、これもドラゴン校長ならではの発想だなと感服した次第です。

デビュー戦に向けて、また、デビュー戦が終わってからも感慨深さはまるでありませんでした。

俺、息子と揃ってリングに上がった姿を見たら、涙の一つも出ると思ったのですが…。1㎜も出ませんでした。

責任感に駆られ、終わってからもホッとしただけです。

デビュー戦で見せたブラジリアンキックは、ジュニアが練習時に「こんな技はどうだろう?」と自分で考えてきた蹴りです。

「お、これはよさそうだから、いいタイミングで使え」

目論み通り、打った瞬間、会場が沸きました。

俺の必殺技である三角蹴りは足を踏み外しそうになった。

実は最終テストの時に披露しており、ずっとミスってなかった技なのです。

それが試合前、最後のリング練習の時、初めてミスったのです。

「本番で大丈夫かな?」と思ったら、案の定…。

俺の予感が2つとも当たりました(苦笑)。

ちなみに生まれたばかりの20年前、もし龍斗がプロレスラーになると言う時がきたら「親父引退試合vs息子デビュー戦」をやりたいと思っていました。

20年前は「50歳を過ぎたらボチボチ引退だろ」と思っていたので、それならどのスポーツ界を見渡してもやってないであろう、「親子デビュー&引退同時試合」を実現しようと考えたのです。

おかげさまでまだやれるので却下となりましたが（笑）。

親子で同じリングに上がる現実、同じ2世レスラーへの思い

ジュニアがデビューしてからは、とにかく「親バカ」を徹底しました。

幸い、同じユニットにいる望月ススム、神田ヤスシも付き合ってくれました。

こうしてM３K※としてスタートし、まずはベルトを狙うことになります。少しでもジュニアの負担を軽減できるトライアングルゲート王座（6人タッグ王座）に狙いを定めました。

デビュー最速での戴冠を狙って。

M３K　元々あったM２Kというユニットに望月成晃の息子である望月ジュニアが加わることになり、望月親子、望月ススム、神田裕之の４人で結成。「えむ・さん・けー」と読む。

２０２２年7月30日、兵庫・神戸ワールド記念ホール大会で初挑戦。俺の場数の豊富さと、スムの機動力と立ち回りで何とか奪取することができました。

これは賛否両論あったと思います。

かなり強引でしたから。

そもそも過去に例のないことは批判もあって当然。

ただ、俺が強引にでも、先に「勝利」をつかませたのにはちゃんとした意味はあります。

「負けグセ」をつけないことと、壁にぶつかった時に「悔しさ」を芽生えさせるため。

俺もそうでしたが、「悔しさ」は一番のパワーになりますから。

デビューして負け続けた方が、悔しさが芽生えるかと思う人もいるでしょうが、勝ったあとの方が悔しさも倍増しますから。

これが正解かどうかはわかりませんが、ジュニアと同世代には維新力さん、穂積詩子さんという元プロレスラー夫婦※の息子である2世レスラー・飯橋偉進（現・ＩＳＨＩＮ※）がいる。

ＩＳＨＩＮは兄と揃ってデビューし、最初はどちらかというと兄の影に隠れた感じでした。

同じ2世の後輩…すなわちジュニアに、先に結果を出されて火がついたのでしょう。

そこから急激に成長し、活躍しています。

俺はこういう意味でのジェラシー、ライバル関係は理想的だと思いますし、ＩＳＨＩＮに火をつけて、ＩＳＨＩＮ自体が選手として一本立ったというだけでも、デビュー間もなく強引ながら、ジュニアに結果を出させたことは間違いではなかったと思っています。

ただの親バカじゃないんだよ（笑）。

逆に今、ジュニアがＩＳＨＩＮに追いつけ追い越せと火がついています。

この辺りから俺も煽りましたね。

「そんなんじゃ、ＩＳＨＩＮに勝てねえぞ」

これが一番効きます。

この２人には、このままいい形でライバル関係を続けていってもらい、「日本プロレス界の２世の呪縛」をストロングマシーン・Ｊと共に解いてほしいです。

このようにＤＲＡＧＯＮＧＡＴＥには３人の２世レスラーがいます。俺の息子がジュニア、維新力さん＆穂積詩子さんの息子がＩＳＨＩＮ、そしてスーパー・ストロング・マシンさんの息子

維新力＆穂積詩子の元プロレスラー夫婦　それぞれプロレスラーとして活躍し、結婚。その息子２人がＤＲＡＧＯＮＧＡＴＥでデビューし、望月親子とも抗争を展開したのち、和解。
ＩＳＨＩＮ　維新力さん、穂積詩子さんというプロレスラー２人の血を引くＤＲＡＧＯＮＧＡＴＥ所属レスラー。２０２１年９月にデビュー。同じ２世レスラーのジュニアをライバル視する。２０２２年６月に兄は引退。

であるマシーン・Jです。男子では藤波辰爾さんの息子、ＬＥＯＮＡ選手や百田光雄選手の息子、力選手もいますね。柴田勝頼選手や橋本大地選手、坂口征夫選手も同じ2世レスラーです。

2世同士がどう思っているのかは分かりませんが、俺は比べても仕方ないと思っています。ひとつだけウチと違うのは、何度も書くようにほかのお父さんがみんなレジェンドなのです。世間的にプロレスが地上波で放映されていた時代のお父さんたちなので、そこは決定的です。

俺はまだまだ現役であり、もちろん藤波さんも現役ですが、もうレジェンド枠。さらに藤波さん親子も同じ団体に所属していますが、全国を巡業で回るスタイルではありません。そこが違うところであって、親子レスラーが何組あっても、今こうして年間１５０試合を一緒に回っているというのは、日本プロレス界では過去になかったと思うので。

ジュニアが2世の名前だけで売れるほど、俺が有名でもないですし、その決定的な違いというのは身に染みています。

やはりジュニアには俺を超えてほしいと思う半面、俺に勝つことが追い抜いたことになるのか。プロレスは、結果がすべてではありませんから。

かといって50歳後半になった俺に勝ったからといって抜いたことになるのか。それも違うと思います。

ジュニアがこの先、キャリアを重ね、俺が引退したあとも築き上げてきたものと、その時の俺を比較して勝ったか負けたか、そこが勝負だと思います。答えが出るのは2人が引退した時でしょう。

対戦するのがいつになるか分からないですが、俺が年齢で勝てないという、いいわけができないウチに当たりたいですし、「それまでに俺に勝て」とは言っておきたいです。

少し話が逸れましたが、2世がたくさんいる。そして競い合える。やはり切磋琢磨が一番いいと思います。

普段はあえて多くは伝えないですが、リング上で組んで試合をする時は、徹底して指令は出します。

それは俺の試合でもありますから。

でもそれ以外はあまり言いませんし、「周りとどうだ?」などとは聞きませんし、聞けない。

ここは自分で構築していかないといけないところです。

それでも、ある時、木戸社長と食事をご一緒した際などは「意外といろいろあっけらかんとしてる、上手く発散してるみたいだよ」と聞いて、安心はしています。

選手として以外のDRAGONGATEの若手の一員という部分では、しっかり斎藤了GMが厳しくしているので、リング外は放任主義だったりします。

2023年2月に開催されたタッグリーグには親子タッグで出場しました。ジュニアには「助けはいらない」と言われ、極力ヘルプなしでやったのですが、結果は出ませんでした。今はまた「やっぱり、まだまだ親バカは必要だな」と思ってやっていますが、流れの速いDRAGONGATEでは、この先、何がどうなるかわかりません。

前述した通り、思えば俺は中学生の頃、自分の父親がコーチをやっていた陸上部には何が何でも入りたくありませんでした。

でもこうして、この先何十年もやっていくであろう場所に、父親である俺がいるのに飛び込んできた。

つまりはこの時点で俺とは根本的な考えが違う。

だからいつかはまた、考えの相違は出てくるだろう。

その時が真の親離れの時でしょうね。

それが楽しみでもあります。

ジュニアの身に恐れていたことが…

2023年4月29日の横須賀大会。この日は俺の両親と妻も見に来ていました。ジュニアはシングルマッチに出場し、俺もセコンドにつきました。

その試合中、対戦相手のスイングＤＤＴで首から突き刺さったジュニアが動けなくなり、不完全燃焼のままレフェリーストップ負けを喫してしまったのです。首から下がまったく動かない状況となり、そのまま担架でバックステージへ。すぐに妻も駆けつけました。

俺の中で1、2分でしたが、いろんなことが頭を過りました。このまま動かない可能性だってゼロではありません。

そのあとに考えたのが妻のこと。あれだけ大反対していたわけですから。正直、妻に「もうやめさせて」と言われるのかなとも思いました。でも一度、ＧＯを出したら女性は強いのかなって。そんな話はまったく出ませんでした。

体が動くまでの1、2分の中で、やはり大谷さんや高山さんのアクシデントもありましたし、「プロレスラーになることに賛成した俺のせいかな」と考えたり、「でも大丈夫なはずだ」と自分に言い聞かせたり…。とにかくすごくいろいろなことを考えていた時、ちょっと手を握り返してくれたので、本当にホッとしました。

ジュニア自身は試合を変な形で終わらせてしまったことに対して悔し涙を流していました。しびれて動かせなかった体が動いた嬉しさもあったのかもしれませんし、やはり恐怖というのも感じたのかもしれない。

ジュニアがデビューした直後には親子特写も敢行

試合前からキック練習に余念のない望月親子

それでも、病院から帰ってきたあとにメシを食べに行ったら、どんぶりものを2杯たいらげていたので、大丈夫だと思いました。

おかげさまでなんとか復帰もできました。もちろん大事に至らなかったから言えることではありますが、こういうこともあるよ、ということです。

若いうちは怖いもの知らずみたいなところもあるので、プロレスの怖さというものを一回、体に植えつけられたというのは、言い方はおかしいですが、いい経験になったのかなと。慣れというのが一番、危険なので。

これからもこういう試練は何度となく訪れることでしょう。それも親子で乗り越えていきます。

これは余談ですが、病院でジュニアに付き添っていた妻が「親御さんを呼んでください」と言われたらしく、「私、彼女に見られたのかな？　若く見られた」と、少し嬉しそうに自慢していました。

望月家は平和です。

子育て世代へのメッセージ

年間、半分近くも家を空けている俺が偉そうに言える立場でもないですが、とりあえずはここまでまともに育ってくれたかなとは思います。こういう環境で俺が心掛けていたのは、妻に任せるところは任せること。

それでもたまに口を出してしまい、妻から怒られるのですが（苦笑）。たまに俺が味方しても子供はやはり妻に一番正直です。

特に男はね。

だから基本的には育ってきた家庭環境、自分が分けた血を信じるしかありません。

もちろん注意すべきことは注意してきましたけどね。

世の中的にも父親が仕事で外に出ている家庭が多いと思います。そうなると必然的に家庭内での接点は少なくなっていきますよね。

同じ職場や自営業をされている親子がいるように、俺たち親子の場合は同じ団体に所属しています。ただ、上下関係の厳しいプロレス業界ですから、同じ団体にいながらも、俺が年がら年中、ジュニアのことを見ているわけにはいきません。私生活の部分、教育というのはやはり妻に任せていたかなというのはあります。

特に息子だからというのもあるかもしれませんが、父親に直接、何かを聞いてくることは少ないです。ウチだけですかね？

個人的に思うのは家庭内でも息子は特に母親の言うことを聞く部分があると思います。ただ、たまに会う親父の行動はすごく見ていると思うので、こちらから声をかけるのではなく、やはり背中で見せるというのが大事な部分ではないかと。黙してどう背中で見せていけるか。自分自身が規律を正して行動で見せていかなければいけないなと感じています。

道場にいても巡業に出ていても、ジュニアには若手としての雑用などの仕事があるわけですし、会話をする時間があるわけでもない。たとえ会話をしていたとしても、「アイツらだけ特別扱いか」というふうにも見られるので、そこでいかに言葉を使わず、自分の行動で見せていくか。

もちろん、プロレスラーの先輩としてアドバイスをすることはあります。試合で魅せるという部分に関しては、まだ元気な姿と、試合内容というものを見せて本人がどう感じるか、だと思います。

俺とジュニアの場合、こういう関係になってから、2人きりで食事に行くなどのコミュニケーションも滅多になくなりました。

職場が違って、どこかで会ったら逆に行くのかもしれませんが、こうして職場に出てくる時だけ会うという今の状況になると、「じゃあ一緒に行こう」とはならないです。お互いに同僚や先輩・後輩もいますしね。

では、自宅の場合はどうか。ほとんどすれ違いが多いと思います。ジュニアは神戸にいて、たまに東京の実家に帰ってきてもジュニアは営業に出ていたりしますし、俺が結構、ルーティーンを崩さないタイプなので、ジュニアに合わせるようなこともありません。

逆に俺が寝ている間、妻とは会話をしているようです。そこで何を言われているかは分からないですが、夜中まで話し込んでいるみたいですよ。こういう時、あえて父親が割って入るようなことはしません。俺なんかより妻にだったら話しやすいこともあるでしょうし。

ただ、どうしても人前に出れば親子として見られます。親子で売り出している部分もありますしね。だから礼儀だけはしっかりしろとも伝えています。それはプロレスに限らずどこの世界でも一緒ですよね。

2世レスラーは、もしかしたらこれから増えていくのではないでしょうか。

団体数もレスラー数もここ数年でますます増えてきて、そろそろ俺より若い世代の選手の子供も成人になる時代になるでしょう。

勝手ながらアドバイスとしては……親側の方に覚悟がいるかな。

まあその団体それぞれの運営状況にもよりますが。

ただ、親から「レスラーになれ」は絶対によくない。

「やりたい」と言うまで何も言わない方がいいですね。

逃げ道は作ったらダメ。

子はなるまでの覚悟。

親はなってからの覚悟。

2つの覚悟が揃わないと。

でも日本も海外のように2世レスラーがどんどん増えていったらいい。

勝手ながら、その先人として、しっかり成功例にしたいと思っています。

そうしたら将来「親子タッグトーナメント」なんかもできるかもしれませんから。

アメリカやメキシコでは2世レスラーの成功例がとても多いのですが、日本ではなかなかそうなっていないのが現状です。

それは入門する前から覚悟していたことです。未知数ではあります。ですが、俺はそこに挑んでいる部分もあります。一番頑張らなければいけないのはジュニアですが、俺は親バカと言われようが、バカ親と言われようが、なんでも利用しつつ成功してやろうと思っています。

若いうちは自分のことだけで精いっぱい。それでいいと思います。ですが、年齢を重ね、父親という立場になっても自分自身もチャレンジ精神を忘れないことが重要。

俺の場合は、息子を一人前にして親子レスラーとして成功することが目標ではありますが、設定する目標は何でも構わないと思います。みなさんも挑み続けてください。

第10章

超我流〜引退への持論〜

師匠はいないけど…

この歳になって振り返ると「プロレスの師匠って誰だったのか?」と考えることがあります。

ズバリ言うと「この人」というのはいないです。

仕事しながら空手をやっていた人間が、いきなり試合をしたわけですから。

世間的には一応、北尾さんということになるのかもしれません。

ただ、それはあくまで当時の形式上…というところです。

もちろん北尾さんの名前があったから、あの当時、大した実績もなく「仕事をしながらの空手家上がり」が、さまざまな団体に出させていただけたのは確か。

これは今でも感謝しています。

ただ、「プロレスを教えてもらったか?」というと、アドバイスをいただいたのはデビュー戦のみでした。

それ以降は、すべて自分で試合をしながら試行錯誤していました。

受け身もロープワークも練習したことないんですよ!?

もちろん当時、参戦させていただいたWARさんで、アドバイスをしてくださる方はいました。

でも、それは大会会場での試合前、ほんの一言、二言に過ぎません。

ありがたかったですが、師匠という存在ではないですよね。

あ、そういえば一度だけ冬木弘道さんからアドバイスをいただいたことがありました。

敵対することはあっても組んだことはなく…それでもこの時期、冬木軍の冬木さん、邪道さん、外道さん、ライオン道と闘っているうちに、プロレスのスキルは上げていけました。

控室に呼ばれてアドバイスをいただいたのは、この時だけでした。

「この時」というのは冬木軍がWARさんを去る最後の大会です。一字一句は覚えていませんが、このようなニュアンスだったように思います。

「オマエのこういうところは、いいところだから、もっと活かせ」

「最後だからアドバイスをくださったのかな…」と、のちに感慨深くなりました。

話を戻します。

直接的なプロレスの師匠というのは実質的にはいないです。

試合しながら、ファンのみなさんの声援を聞き分けながら、自分を作っていきました。

あと、録画できた自分の試合を擦り切れるほど見ました。

ただ、選手として確実に影響を受けたのは、天龍源一郎さんの試合、ウルティモ・ドラゴン校長のアドバイスになるでしょう。

それと、今までの自分のプロレスの知識と思考。

プロデビューする直前に一番、影響を受けたのは新生UWFでした。

打撃技の説得力…これは天龍さんの「痛みの伝わるプロレス」に合致したので思う存分、活かせました。

そしてやはり闘龍門に来てからの校長のアドバイス。

まっすぐに考え過ぎると思いつかない逆転の発想。

これは校長からアドバイスをもらっていなかったら、「ただバシバシ蹴っているだけの、つまらないプロレスラー」になっていたかもしれません。

でも、これをうまく理解し、賛同できて、発揮できたと俺は自負しています。

以前、校長と話す機会があった時に合致した意見がありました。

身体能力的には今の若い人はすごい。

出せる技も高度なものばかり。

それでもなぜ、それに劣る40、50代がまだ生き残っているのか？

それは「80年代のプロレスをリアルタイムで見てきたか」が大きいのではないか？と校長と意見が合ったのです。

80年代のプロレスはファンに「答え」をなかなか見せてくれませんでした。

「夢の対決」「試合の結末…」

週イチの地上波放送で見たことがすべて。

インターネットもない、週プロを始めとした雑誌もまださほど普及していませんでした。

唯一の毎日の情報は「〇〇か!?」と、期待を煽るだけ煽って実現しないことが多い東スポ（笑）！

のみでしたから。

そうなると、どうなるか？

ファンそれぞれが脳内で「もう一つのプロレス界」を作ってしまうわけです。

おそらく今の若い子たちとは自己発想力が根本的に違うわけですね。

そこが、この年代の人の強さの一部だと思います。

というわけで、結論として「師匠は？」と聞かれたら、現場的には校長が一番影響を受けましたが、メキシコでしっかり指導を受けた選手を見ると「俺も弟子」とは言いづらい部分はあります。

でも校長から受けたプロデュース力は俺にとっては切っても切れません。

ここで校長のプロデュース力について書きたいと思います。

ジュニアのデビューの仕方も、俺からすると少々「?.」でした。

それはジュニアが、デビューが決まる前にケガをして同期から後れを取って合格をもらっていたため。

技術的にも後れを取っていたから「いいのかな?」と。

それを校長に聞きました。

「モッチー、いいんだよ、そんなのは。完成度は高くないくらいがいい。少しくらいショッパイくらいの方が、親バカが映えるだろ」

またまた、青天の霹靂。

「どんなに優れた新人でも、ただのデビュー戦にしかならない。2世は2世のデビューがニュースになるだろ」

こうして同期の中で1人「目立つ奴」を作る。

そこに「負けてたまるか!」とライバル心を持つ同期が遅れてデビューする。

「よーいドン!」では、同期の本人同士も、見ているファンのみなさんも火がつきづらいと思います。

差のない者同士のプロレスなんて案外つまらないと思うのです。

こういう狙いもある、ここが校長のすごいところです。

闘龍門初期の頃は、選手のキャラ付けを校長がすべてプロデュースしていました。

一番大きかったのは、校長本人がケガで長期欠場していた部分もあったと思います。

誰分け隔てなく、アドバイスをしていました。

当時、俺はメキシコにいたわけではないので詳しくはわかりませんが、選手それぞれが自分自身で身につけたものと、校長のアドバイスによって身につけたものの割合は人それぞれでしょう。

俺の場合でいうと初期のＭ２Ｋ時代。

実際、キャリアで後輩しかいない世界で「今まで俺がやってきたのは何だったんだ?」「プロレスラーとして、俺は彼らに劣っているのか?」と悔しさも心の中でくすぶっていました。

「それをストレートに表現したらいい」と言われた時にすべてが吹っ切れました。

そのキャラ付けも、何もまったく本人に合わないことをやらせていたわけではない。

プロレスラーとして自身が最も力を発揮しやすいように、アドバイスしていたのだと思います。

過去には「それはちょっと…」と、アドバイスを断った選手もいたらしいです。

そういう人に限って自分で自分をプロデュースできません。だいたい業界から消えていきましたね。

プロレスラーとして成功していった人も、何も校長からのアドバイスのみで上がったわけではありません。

上手く自分なりに昇華できた者がトップになれたのだと思います。

同じプロレスラーを父親に持つ
ISHINに対して逆水平チョップ。
2世同士の闘いも熱い

（上）デビューから間もなくして6人タッグのベルト獲得にも成功した　（下）初のタイトルマッチではプロの洗礼も浴びることに

デビュー30周年という大台を迎えるにあたって

2024年1月にデビュー30周年を迎えます。

謙虚でもなく、自慢でもなく、素直に「よくこれだけやってこられたな」と思う。

これまでを振り返るに、自分で思ったのは、スポーツの世界でもありながらエンターテインメントの世界でもあり、これほど「他者評価」の世界もないなということ。

だから俺が一番意識したのは、自分を客観視できるかどうか、でした。

学生時代、どんな分野でも一番になれなかったですし、自分を自分で評価したら「一流」「超一流」には届かなかったと思っています。

ここで俺が考える一流は「団体のエース格」や、ベルトに絡んでいなくても話題になる人。

超一流になると、もうこれはプロレスファン以外の人にも名前が世間に届いている人。

残念ながら、俺はこの先もそこまで届く可能性は低いでしょう（苦笑）。

そもそも俺はどんな正当なメジャーの系譜もなく、ましてやどこかに新弟子として入門しての修行時代もない「我流」ですから。

なんなら既存のプロレス団体に足を踏み入れた時は、北尾光司の弟子として「プロレスの敵」としてのスタートでした。

初めてWARさんのリングで試合した時の「オマエら二度とプロレスのリングに上がるな！」という野次は今でも覚えています。

超一流までいったらムシがよすぎます。

でも、そんな立ち位置は嫌いじゃなかったです。

なぜなら常に上を向いていられたから。

キャリアの中で「何もない」時も、そりゃありました。

でも「何かを起こせた」時の高揚感と喜びは、常に「上」にいる人になかった感覚だったのではないかと思います。

そして時々、超一流や一流の人に挑んでいけた。

その中でたまに結果を残せた。

そういう意味では「超二流」にはなれたかな…いや違うな。

超二流は、派手さはなくとも、卓越したテクニックを持っているイメージ。

ということは「超我流」かな。

我流でやってきたわりには想像以上に頑張れたのではないか…そういう意味で「超我流」と自

負はしています。

フリー時代、スーパージュニアの章で記した「俺は便利屋だったのか?」と危機感を持った男は、50歳を過ぎても、ある意味、便利屋でいることをちょっと誇りに思っていたりします(笑)。

そして、学生時代、どのスポーツでも「一番になれなかった男」は、プロレス界で「永遠に一番にはなれないであろう」ことを今でもエンジョイしています。

一番になれない男には特権があるのです。

何かわかりますか?

永久的に一番を目指せるのです。

ものは考えようってこと。

それが俺の若さの秘訣だったりします。

自慢ではありませんが、DRAGONGATEの巡業に行けば全員でイス並べやリング撤収もやります。

移動は基本的にバス、トラック(選手運転)、ワゴン車(選手運転)に分かれます。

自然と各々やることが決まっており、イス並べ、リング設営、グッズ売店設営など。

ベテランはだいたいイス並べ担当ですね。

試合終了後の撤収になるとメインイベントに出ていた選手は、試合直後であったりするので、あまり参加できません。そのためベテラン勢の仕事も増えます（苦笑）。

これに関してどうこうはありません。

何年経ってもやっていることに、ある意味プライドを持っていますから。

「いくらキャリアを積んでもアグラをかかない」

これがDRAGONGATEのプライドでもあります。

歳なんか取った気になってなどいられません（笑）。

そんな超我流を自負する俺の理想とする引退の形は…。

昔はカッコいい引退にあこがれました。

ファンの誰もが「まだやれるのになんで辞めるんだよ！」という涙・涙の引退。

「ジュニアとのデビュー戦、プラス引退試合の親子対決」も考えていた、と書きました。

でもね、今となっては引退の形はもうどうでもいいやと思っています。

団体に所属している以上、カッコいい引退なんて、ある意味ワガママなのではないかと。

だから需要があるうちは、身を粉にしてでも選手として続けていきたいと思います。

需要がなくなる感覚は自分で判断します。

俺は自分で自分をなるべく客観視してきた自負はあるので、上手く見極めますよ。

目標は還暦でのドリームゲート戦、相手はもちろん…

40歳を過ぎた頃、畏れ多くも「鉄人」と呼んでもらえました。

40歳を過ぎて2度、団体最高峰のシングルベルト、ドリームゲート王座を巻いて絶好調でした
し、50歳を過ぎても「俺の体は無敵」くらいに思っていました。

ただ、50歳を過ぎてNOAHのヘビー級戦線でガンガンやっていたのもあるかもしれませんが
(苦笑)、やはり体は「ガクン」ときました。

とにかく治りが悪い。

でも上手く付き合いながらやれています。

目標はあります。

それは還暦でのドリームゲート戦。

もちろん挑戦するだけではなく、ドリームゲート戦に見合う試合をすること。

その前に引退しているかもしれませんが。

その相手がジュニアだったら最高です。

父の思いも背負い、プロレスラーとして歩み出したジュニア。キックボードは入場に乗るためのもの

引退に関しては、「惜しまれてカッコいい引退」までは考えていませんが、知らずにフェードアウトはしたくありません。

せっかく所属団体があるのですから。

相手はやっぱりジュニアかな。

会場はデビュー時からメインに立つのが夢で、２０１１年に叶ったはずが、東日本大震災で中止になった両国国技館だったら最高です。

地元に一番近いですし。

今までのキャリアで後悔することはあったか？と聞かれたら、自信を持って「ない」と言えます。

実は闘龍門に合流する少し前、声を掛けてくださった団体はいくつかありました。

でも、そういう時は「時の流れに身を任せ」ました。

当時は俺が籍を置いていた武輝道場が闘龍門に吸収されるという流れにとりあえず乗っただけ。

もちろんキャリアの中でつらいこともありました。

でも、そういうつらい時に〝下手に動いたら〟…おそらく後悔していたと言えます。

ＤＲＡＧＯＮＧＡＴＥ以外のどこかでキャリアを積んでいたら、間違いなく今の自分はいません。

このまま後悔することなく、プロレス人生をまっとうできそうな気がします。

ましてや夢を紡いでくれるジュニアもいる。

俺は小さい頃からたくさんのプロスポーツを見てきましたが、その中で一番興奮したのは何か？と言われたら、ジュニアの空手の試合ですよ。

自分の血を分けた者の試合ほど興奮するものはない。

だから先々の楽しみはまだまだある。

後悔せずに引退できるであろう状況はこんなところにもあります。

CIMA、マグナムTOKYO、ミラノコレクションA.T.と俺の違い

闘龍門時代から数えて、2024年で25周年を迎えるDRAGONGATE。

さまざまな選手が出入りしました。

初年度（日本逆上陸）からいるのは、本当に数える程になりました。

最初のピークはCIMA、マグナムTOKYO、ミラノコレクションA.T.※、僭越ながら俺もユニットリーダーの位置にいた頃でしょうか。

特にＣＩＭＡ、マグナムとの三つ巴の闘いは、生え抜きではなくフリーでもがいていた俺がプロレス界で一番名を上げることができた闘いだったと思います。

そういう意味では真っ向から闘ってくれた２人にはある意味、感謝しています。

俺はとてもじゃないけど、このミラノを含めた３人には華では勝てませんし、ましてや生え抜きではなかったので、地味な存在でしたけど（苦笑）、何とか持っていたキャリアで渡り合っていました。

そして今、この３人はＤＲＡＧＯＮＧＡＴＥにいません。

だけど俺はいる。

よくよく考えたら不思議なことです。

ただ、思うに、彼らと俺が違ったのは、強いて言えば「野心」だったかなと。

ここまで読んでいただいたら分かると思いますが、変に野心を持たず、その場を頑張ってきた結果で「今」があると思っているので、現状を崩してどうこうという野心がないのです。

おそらく野心の形が違う。

プロレスラーとして、どちらが正解なのかはわかりません。

そりゃ野心満々の人の方が「上」に行く可能性は高いでしょう。

でもこれは性格なので仕方ありません。

俺は闘龍門、ＤＲＡＧＯＮＧＡＴＥに来て「パッケージで見せる」プロレスの大事さを学びました。通常、プロレス興行は何試合もありますが、１試合ずつに注目するのではなく、全試合を通じて大会を盛り上げることの大切さです。

これは言っていいのかわかりませんが、ウチを辞めた選手のマスコミなどの評判は、なぜか辞めてからの方がいいです。

では、ウチにいた時はどう見ていたの？　ウチにいる時に評価してくれよ、とは言いたい。個人が何かを目指して外に出るのは、別に構わないと思うのです。

ドラゴン校長とも、よくそんな話はします。

プロレスの世界、ずっと同じメンバーで延々とやっている団体なんてないですし。若手が力をつけてきた頃、それがコロナ禍と重なって、いろいろ考えた結果に過ぎないと思うのです。

ただ、そのコロナ禍に若手が上がったタイミングがファンの方たちから見ると、風景が変わり過ぎた部分もあるし、その変わった風景に歓声がないから、変化したことが、何がどういいのか

ミラノコレクションＡ．Ｔ．　2000年5月にデビュー。T2Pのエースとして活躍後、闘龍門、DRAGONGATEを経て、退団。その後、数々の団体に出場したのち、新日本プロレスを主戦場に。2010年1月に引退。テレビ解説でもおなじみ。

判断できないマスコミもいたのではないかと思います。

そりゃ外を見たくなる奴も出てきます。

正直、昔で言うと「CIMAが辞めたらDRAGONGATEの印象が変わるだろうな」とか「マグナムが辞めてもリング上の変化はあまりなさそうだな」などと思っていましたが、今の俺の本心は「残ると決めた人と頑張ろう」という感情しか湧きません。

なんなら若い奴らに「オマエらがトップに行くチャンスだぞ」としか思わないのです。

DRAGONGATEに入門し、デビューに至る選手の身体能力的レベルは間違いなく年々上がっていると思います。

あとは本当にコロナ禍が阻んだファンのみなさんとの「キャッチボール」ができているかどうかだけ。

ここ3年でデビューした者、トップ戦線に行った者はこれがなかったので気の毒だと思います。

だからこそ「ここから」。

逆に言えば、もういいわけはできません。

でも、またいろいろひっくり返す自信はありますよ。

俺が言うことではないかもしれませんが。

ジュニアがいることも、もちろんですが、それを俺は見届けたい。

見届けたいからＤＲＡＧＯＮＧＡＴＥにいる。

そしてそれを見届けてＤＲＡＧＯＮＧＡＴＥで引退したい。

こういう形で「学校」として入門し、練習を積んで、どんどん選手を養成する形は今後も続いていくでしょう。そういう人材がプロレス界の各方面に行くという形はいいと思います。

周りが辞めた人を気にするのは仕方ありませんが、それでも「入ってくる人」がいることが一番大事。

団体の浮沈は辞めた人が多いことより、入る人が少なくなる方が命取りだと思いますよ。

そこを気づいてない人が案外多い。

俺はもう外に夢見るような気もなければ、そんな年齢でもないですが、どの団体を見ても「神戸道場出身者」がいるのも、ある意味、痛快です。

そして残った「本体」がその「外」に負けなければ、それでいいと思います。

日本プロレス界イチのプロレスラー養成機関。

それは間違いないと思います。

コロナ禍で感じたこと、学んだこと、ファンのみなさんに、どうしてもわかってほしいこと

2023年に入り、ようやく通常の興行スタイルに戻りましたが、コロナ禍は本当にいろいろなことがありました。

特に人の本質を見た気がします。

このコロナ禍の3年間でDRAGONGATEから引退した人、退団した人が何人か出ましたよね。

まあいろんな声を耳にしましたよ。

「DRAGONGATEは変わった」

もちろんコロナ禍に合わせて変えなければいけないことはあったと思います。

でも、それは団体として継続するためでもあり、さらなる進化のためでもあります。

一番変わったのは辞めた人たちの思考だよね。

もちろんプロレスラーは個人事業主なので、それは自由だ。

しかも今は、星の数ほどたくさんのプロレス団体があります。

「あっちに行った方が活躍できそうだ」

「こっちの方が自分を光らせることができるはず」

言い換えれば「DRAGONGATEでは活躍する自信がない」とも取れますよね。

大体こういう人は「一番」しかできない人。

でもプロレス…いや団体、会社というのは、どんなジャンルでも二番も三番も必要じゃん。

そもそも、その人が一番だと上手くいかなかったからなのに。

「一番以外は嫌」だから、そういう思考になる。

確かにコロナ禍でお客さんが減ってはきていました。

「俺の力でお客さんを戻すんだ」という気もなかったということにも取れます。

コロナ禍以前にDRAGONGATEより規模の大きい団体に行った鷹木信悟、戸澤陽は「団体がいい時にさらに上を目指す」だったので、これはいいことだと思うのですよ。

ただ、よくない時に辞めた人は「隣の芝生は青く」見えただけですよね。

そんなコロナ禍の状況でも、今までと変わらず全国各地の大小さまざまな都市に行き、多くの興行をおこなってきました。

「経費節減」の指示はあったにせよ、今まで通りの生活ができる収入も会社は確保してくれました。

ＤＲＡＧＯＮＧＡＴＥの木戸社長は、ほとんど表に出ないし、目立つことが嫌いな方なので、ファンのみなさんからは人物像が見えづらいかもしれませんが、間違いなく選手を守り続けてくれています。

「俺たちの手でもう一度お客さんを戻すんだ」と覚悟を決めた人間が残ったと思っています。

今にしてつくづく思うのは、コロナ禍で一番変わったのは、「人の心」だなと感じます。

それはＳＮＳ等で誹謗中傷をする人たちも同じです。

人はよくない状況をなかなか「自分のせい」にできません。

俺だって何かのせいにしたくなることもありました。

でも、俺には幸い「回り回って、自分の身に起きていることはすべて自分のせい」と教えてくれる大人の人がいました。

人間はいくつかのタイプに分かれると思っています。

①「心の底から、何も思わない人」
②「思っていることを心にしまって頑張る人」
③「余計なことは言わないが、自分の思うまま行動に移してしまう人」
④「行動に移した上、ＳＮＳ等で何も考えず世間に気持ちを晒してしまう人」

①と②の人は秘めたる思いは違っていても、しっかり周りが見えています。そういう意味で、社会で生きていく上でも頑張れる人と言えるでしょう。

③と④の人は、基本的に自分本位。

プロの世界で生きる者としては、オーディエンスから支持されたいなら、それはそれでアリなのでしょう。

ですが、①と②の人は、基本的に言いたいことすら我慢しています。その結果、損をしてしまう部分があるのは、プロレスの世界の難しいところですよね。これはどんな環境であっても当てはまる気がします。

「善」対「善」は、あまり対立構造がハッキリしないと三軍抗争の項で書きましたが、「正義感」対「正義感」は答えが出ません。お互いにそれぞれの「正義」があるわけですから。

誹謗中傷を正義感で叩いている第三者などもそうです。一見、いいことをしているように見えても、実は違う。

「あなたも、その人を誹謗中傷していることに気づけ」と思います。

すべての思いを心にしまっている人を「アピール不足」と言ってしまえば、それまでですが、周りに感謝しながら、今いる場所で頑張っている人が損をする世界にはなってほしくないですよね。

おわりに

最後まで読んでくれた皆様、ありがとうございました。

何度も言うようですが、俺はそこまでスターでもないし、学生時代もそれほどすごい成績を挙げたわけでもありません。大して威勢のいいことも言っていない、ヘタしたら地味なレスラーです。

カッコよくはないかもしれないけど、これが俺の生きる道でした。

強いて言うなら「無事是名馬」。

よく「コンディションいいですね」と言っていただきますが、これは遺伝というか、強い体に産んでもらったとしか言いようがないです。

ある時、父親も診てもらっている同じ系列の整体院の先生と話をしていて、俺が「僕のケガの少なさは僕の普段のルーティンがいいんですかね？　それとも遺伝ですか？」と聞いたら「これは遺伝ですね」と（笑）。

父親のコンディションのよさも話題になっていたらしいです。

75歳でまだまだトラックを運転して、しっかり稼ぎ、介護とは無縁な両親がいることは、とてつもなくありがたい環境だと思っています。

そんな俺が、自伝を出すにふさわしいプロレスラーだったかどうかはわかりません。

でも俺、プロレスラーの自伝が大好きで…。

何冊読んだかわからないです。

特にコロナ禍の試合もなかった時。

週イチで書店に通っていました。

ほとんど読んでいない自伝はないと言っても過言ではありません（笑）。

SNS全盛の時代、読書離れが叫ばれて久しいですが、どんな本でもいいのです。手に取って読んでみれば、必ず何か自分の今後の人生のヒントになるようなものが秘められています。

本項の中でも書きましたが、プロレスラーになって、3つの夢がありました。

「プロレス大賞受賞」

「週プロでの単独表紙獲得」

そして「自伝を出すこと」。

でも、これらを叶えるために俺の中ではルールがありました。

「実現する前に気持ちを公にしないこと」

3つすべては他人が選ぶもの。

だからずっと自分から言い続けて取るのはカッコ悪いと思っていました。

なんか忖度を促しているみたいで（苦笑）。

自伝は自社制作で出すか、という話も出たのです。

でも、そこは意地を貫きたかった。

「出版社からのオファー」

それくらいでないと出す資格はないかなと。

最初は週プロの井上記者とDRAGONGATE担当・金子記者と酒を飲んでいる時にふと出た話でした。

話が出た時も「本当に俺でいいんですか?」と何度も聞きました。

プロレス大賞と週プロ表紙は、ある意味「結果」であるけれど、自伝となると出したあとに売れなければいけません（苦笑）。

この本は、ファンのみなさんはもちろん、若いプロレスラーの人にも読んでほしいですが、実際に20代の息子さん・娘さんを持つお父さん世代には是非手に取ってもらって、読んでもらえたら嬉しいと思って執筆してきました。

プロレスラーという職業はある意味、長いドラマでもあるけれど、誰もが主役になれるわけではありません。

それは実力があったとしても。そこがもしかしたらほかの職業とは異なる部分かもしれません。

でも、若いうちはどんどん主役を目指したらいいですし、どこかで無理だと思ったら、自分の最適の「立ち位置」を見つけたらいい。

それでも時に主役を食ってやったらいいのです。これはプロレスに限らず、どんな職業にも当てはまると思います。

そういう喜びは、逆に言うと主役には味わえないこと。

長い間、必要とされる人になれば、いつか必ずいいことがあります。俺みたいに。

とにかく腐らないこと。

見てくれている人は必ずいますから。

今回、この書籍を出版するにあたって編集を担当していただいた金子記者には大感謝でございます。

俺、コラムとか書くのは結構好きだし、「本くらい手助けなしで、全部一人で書いたるわ！」と思っていましたが、さすがに素人が「一冊の本」を書き上げるには無理がありました。

皆様のご協力があって、こうして完成したと思っています。

本当にありがとうございました！

２０２３年８月

望月成晃

望月成晃

もちづき・まさあき

プロレスラー。1970年生まれ、ドラゴンゲート所属。175センチ、85キロ。高校時代にレスリングで活躍し、その後、空手を学ぶ。ひょんなことから元横綱・北尾光司の率いる北尾道場（のちに武輝道場）のメンバーとなり、プロレスの基礎を学ぶことなきままプロレスラーとしてデビューしたにもかかわらず、各団体を渡り歩く。2022年以降、息子である龍斗《りょうと》と共にリングに上がる“同時現役親子レスラー”となる。

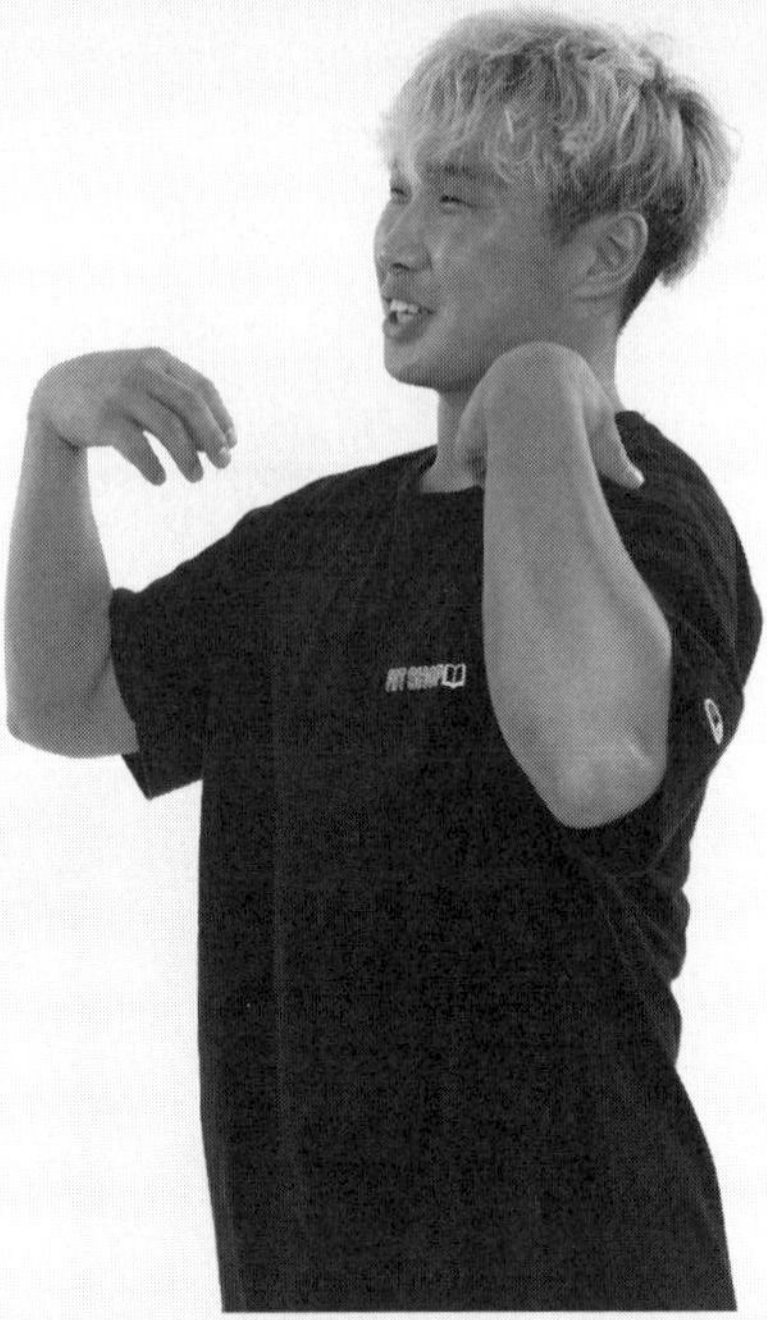

望月成晃《もちづきまさあき》

親子《おやこ》でプロレスをやる覚悟《かくご》。

2023年8月31日　第1版第1刷発行

著　者　望月成晃《もちづきまさあき》

発行人　池田哲雄

発行所　株式会社ベースボール・マガジン社
〒103-8482 東京都中央区日本橋浜町2-61-9
TIE浜町ビル
電話　03-5643-3930(販売部)
　　　03-5643-3885(出版部)
振替口座 00180-6-46620
https://www.bbm-japan.com/

印刷・製本　共同印刷株式会社

Printed in Japan
ISBN 978-4-583-11609-9　C0075